Martin Stuflesser · Stephan Winter

Wiedergeboren aus Wasser und Geist

Die Feiern des Christwerdens

Verlag Friedrich Pustet · Regensburg

Bibliografische Information Der Deutschen Bibliothek
Die Deutsche Bibliothek verzeichnet diese Publikation
in der Deutschen Nationalbibliografie;
detaillierte bibliografische Daten sind im Internet über
http://dnb.ddb.de abrufbar.

ISBN 3-7917-1896-7
© by Verlag Friedrich Pustet, Regensburg
Umschlaggestaltung: Martin Veicht, Regensburg
Umschlagmotiv: 1 Petr 3,21. Bilder zur Bibel.
                © Evita Gründler, Regensburg
Gesamtherstellung: Friedrich Pustet, Regensburg
Printed in Germany 2004

Inhalt

3 „Was erbittet Ihr von der Kirche Gottes für euer Kind?"
Die Praxis der Säuglingstaufe als Brennpunkt der Kirche
in nachchristlicher Gesellschaft

Vorwort

„Fest soll mein Taufbund immer stehen, ich will die Kirche hören.
Ich will den Weg des Glaubens gehen und folgen Gottes Lehren.
Dank sei dem Herrn, der mich aus Gnad
in seine Kirch berufen hat,
ihm will ich allzeit leben."

So singen wir – im Regelfall zumindest einmal im Jahr – bei der
Feier der Erneuerung des Taufversprechens in der Osternacht. Die
Taufe ist das erste und grundlegende Sakrament im Leben eines
Christenmenschen. Doch was bedeutet die Taufe? Wo ist ihr bibli-
scher Ursprung? Wie hat sich ihre liturgische Feier entwickelt, und
wie wird sie heute gefeiert?

Dies sind zentrale Fragen, denen wir in diesem Band des
Grundkurses nachgehen wollen. Dabei gehen wir methodisch wie
im ersten Band der Reihe vor: Wir informieren uns über das biblische Zeugnis als bleibenden Maßstab, werfen einen Blick in die
Geschichte der Liturgie, um schließlich die heutigen Feierformen
mystagogisch zu erschließen.

Wir sprechen bei Taufe und Firmung auch von den so genannten „Sakramenten der Initiation". Im Duden wird der Begriff
„Initiation" erläutert als: „durch bestimmte Bräuche geregelte
Aufnahme eines Neulings"[1]. Doch wer sind diese „Neulinge", die
Taufkandidaten? Was müssen sie tun, um Christ zu werden, um in
die Gemeinschaft der Kirche aufgenommen, oder – mit einem Bild
des Apostels Paulus aus 1 Kor 12 –: um in den Leib Christi eingegliedert zu werden? Welches sind bezüglich der christlichen
Praxis die „Bräuche", von denen der Duden spricht? Und ist die
christliche Initiation, die in Taufe und Firmung gefeiert wird, überhaupt eine Initiation wie andere Initiationsformen (man denke
etwa an die Feier der Volljährigkeit, eine Schul-Entlassungsfeier
usw.)? Wo sind die Gemeinsamkeiten, wo die Unterschiede?

---

1 Duden. Das Fremdwörterbuch. Mannheim 2001.

Und im Übrigen: Wenn doch die Feier der Initiation so zentral ist für das christliche Selbstverständnis, wie halten wir es dann mit dem Taufbewusstsein? Der vorliegende zweite Band des Grundkurses Liturgie möchte versuchen, dieses Taufbewusstsein zu stärken und zu vertiefen, sodass wir frohen Herzens in die zweite Strophe des bereits zitierten Taufliedes einstimmen können:

„Dein Tod am Kreuz, Herr Jesu Christ, ist für uns ewges Leben;
vom Grab du auferstanden bist, hast uns die Schuld vergeben.
Dein Volk, o Herr, dich lobt und preist;
denn aus dem Wasser und dem Geist
hast du uns neu geboren." [2]

Stephan Winter
Martin Stuflesser

---

2 Die hier verwendete Textfassung, die uns von ihrer Sprachgestalt und ihren theologisch-inhaltlichen Aussagen am überzeugendsten zu sein scheint, setzt sich zusammen aus der ersten Strophe, die der Regionalfassung der südwestdeutschen Diözesen Mainz, Speyer, Trier entspricht (in: Gotteslob, Anhang für das Bistum Mainz, Nr. 867.), und der zweiten Strophe, die im Jahr 1974 von K. G. Peusquens gedichtet wurde und sich im Gotteslob, Anhang für das Bistum Münster, unter der Nr. 819 findet.

1 „Du bist mein geliebter Sohn, an dir habe ich Gefallen gefunden"
Taufe als Hineinnahme
in die Gottessohnschaft Jesu Christi

1.1 Taufe im Spannungsfeld von aktueller Feier und biblischen Vorgaben

In seinem Buch „Die Asche meiner Mutter" schildert der irische Katholik Frank McCourt seine eigene Taufe:

> Am Tag der Taufe entstand eine Verzögerung, als John McErlaine, der als Patenonkel vorgesehen war, sich in der Flüsterkneipe [eine Kneipe, in der illegal Alkohol ausgeschenkt wurde, und in die man nur mit einer geflüsterten Parole hineinkam] betrank und seine Pflichten vergaß. Philomena sagte zu ihrem Mann Tommy, dann müsse eben er Patenonkel werden. Die Seele des Kindes ist in Gefahr, sagte sie. Tommy ließ den Kopf sinken und murrte. Na gut. Ich werde Patenonkel, aber meine Schuld ist es nicht, wenn er so wird wie sein Vater und immer nur Ärger macht und mit dieser komischen Art durchs Leben geht, denn wenn er das doch macht, dann kann er auch gleich zu John McErlaine in die Flüsterkneipe gehen. Der Priester sagte, wahr gesprochen, Tom, anständiger Mensch, der du bist, guter Mann, du, der du nie die Schwelle einer Flüsterkneipe betrittst. Malachy [Franks Vater], selbst gerade frisch aus der Flüsterkneipe eingetroffen, fühlte sich beleidigt und wollte

mit dem Priester streiten, gleich zwei Frevel auf einmal. Nimm diesen Kragen ab, und dann wollen wir doch mal sehen, wer ein Mann ist. Er musste von den Breitbrüstigen [zwei Cousinen von Franks Mutter] und deren ergrimmten Männern zurückgehalten werden. Angela, noch nicht lange Mutter, aufgewühlt, vergaß, dass sie das Kind hielt, und ließ es ins Taufbecken gleiten – Taufe durch Untertauchen, wie bei den Protestanten. Der Messdiener fischte den Säugling heraus und reichte ihn Angela zurück, welche ihn schluchzend tropfnaß an ihren Busen drückte. Der Priester lachte und sagte, solche habe er ja noch nie gesehen, das Kind sei ja jetzt ein regelrechter kleiner Baptist und brauche kaum noch einen Priester. Dies erzürnte nun wieder Malachy, und er wollte sich auf den Priester stürzen, weil dieser das Kind als irgendeine Sorte von Protestant bezeichnet habe. Der Priester sagte, stille doch, guter Mann, du bist im Hause Gottes, und als Malachy sagte, Hause Gottes, am Arsch, wurde er rausgeschmissen, direkt auf die Court Street, weil man im Hause Gottes nicht Arsch sagt.

Eine solch' groteske Taufszene erlebt man sicherlich selten. Aber natürlich hat es im Laufe der Jahrhunderte die vielfältigsten Umstände gegeben, unter denen Menschen die christliche Taufe empfangen haben, und bis zum Ende der Zeiten wird dies auch so bleiben. Wie und wo auch immer „im Namen des Vaters, des Sohnes und des Heiligen Geistes" – wie die heute bei uns gängige Taufformel lautet – getauft wird: Dieses Handeln beruft sich darauf, irgendwie mit den Heilsereignissen in Verbindung zu stehen, die Gott in der Geschichte der Menschen gewirkt hat, genauer: es beruft sich auf die Heilsereignisse, wie sie in den Texten der Bibel festgehalten und im Glauben gedeutet sind.

Für das Verständnis der Taufliturgie ist nahe liegender Weise besonders die Taufe bedeutsam, die Jesus selber durch Johannes empfangen hat. Der Bericht über dieses Ereignis liest sich schon etwas anders, als die Taufe des kleinen Frank McCourt. Im weniger bekannten *Hebräerevangelium* findet sich die folgende Schilderung:

> **Hebräerevangelium**
>
> Es geschah aber, als der Herr aus dem Wasser aufgestiegen war, stieg die ganze Quelle des Heiligen Geistes auf ihn herab und ruhte auf ihm und sprach zu ihm: Mein Sohn, in allen Propheten erwartete ich dich, dass du kämest und ich in dir ruhte. Denn du bist meine Ruhe; du bist mein erstgeborener Sohn, der du herrschest in Ewigkeit.

Dieses *Hebräerevangelium* ist ein Evangelium, das ca. 120–150 n. Chr. entstanden ist. Allerdings ist es nur noch in Bruchstücken erhalten und nicht in den biblischen Kanon, die verbindliche Sammlung Heiliger Schriften der Kirche, aufgenommen worden. (Solche Schriften bezeichnet man auch als *Apokryphen*.) Bei dieser Schilderung der Taufe Jesu im Jordan besticht vor allem, wie der Autor die innige, ja intime Beziehung zwischen Jesus und dem Heiligen Geist hervorhebt: Endlich hat der Geist den Ruheplatz gefunden, nach dem er sich so lange gesehnt hat, und die „ganze Quelle des Heiligen Geistes" durchströmt Jesus, der in Person dieser Ruheplatz ist. Anders als bei den allgemein bekannten synoptischen Evangelien, anders als bei Markus, Matthäus und Lukas spricht auch nicht die Stimme aus dem Himmel zu bzw. über Jesus, sondern der Geist selbst redet ihn an als erstgeborenen Sohn. (Man nennt diese drei Evangelien übrigens „synoptisch", weil man sie „zusammen-sehen" – so mit Bezug auf den griechischen Ursprung des Ausdrucks – und dabei feststellen kann, dass sie viele Gemeinsamkeiten aufweisen. Nach der heute gängigsten Theorie beruhen diese im wesentlichen darauf, dass Matthäus und Lukas auf dem älteren Markusevangelium aufbauen und zusätzlich noch eine weitere gemeinsame Quelle mit Worten Jesu benutzt haben.)

Im Doppelwerk des Lukas, das aus Evangelium und Apostelgeschichte besteht, wird an der Stelle, die als Pfingstperikope bekannt ist, in ähnlicher Weise davon erzählt, dass sich der Heilige Geist verströmt:

Apg 2

¹Als der Pfingsttag gekommen war, befanden sich alle am gleichen Ort. ²Da kam plötzlich vom Himmel her ein Brausen, wie wenn ein heftiger Sturm daherfährt, und erfüllte das ganze Haus, in dem sie waren. ³Und es erschienen ihnen Zungen wie von Feuer, die sich verteilten; auf jeden von ihnen ließ sich eine nieder. ⁴Alle wurden mit dem Heiligen Geist erfüllt und begannen, in fremden Sprachen zu reden, wie es der Geist eingab.

Wiederum stellt hier ein biblischer Text in eindrücklichen Bildern dar, wie der Geist in Menschen Raum greift, diese Menschen und ebenso ihren ganzen Lebensraum erfüllt und durchströmt. Das erste Kapitel der Apostelgeschichte verknüpft beide Ereignisse – die Taufe Jesu und das Pfingstereignis – im Bericht von der Aufnahme Jesu in den Himmel ausdrücklich miteinander. Im Text sagt Jesus nach seiner Auferweckung zu den Jüngern:

Apg 1,4–5.8

⁴Beim gemeinsamen Mahl gebot er ihnen: Geht nicht weg von Jerusalem, sondern wartet auf die Verheißung des Vaters, die ihr von mir vernommen habt. ⁵Johannes hat mit Wasser getauft, ihr aber werdet schon in wenigen Tagen mit dem Heiligen Geist getauft ... ⁸ ... ihr werdet die Kraft des Heiligen Geistes empfangen, der auf euch herabkommen wird; und ihr werdet meine Zeugen sein in Jerusalem und in ganz Judäa und Samarien und bis an die Grenzen der Erde.

Das Ereignis der Geistausgießung am Pfingstfest ist in dieser Interpretation ein Taufgeschehen: *Getauft zu werden heißt, ein(e) Geisträger(in) zu werden.* Und nach dem Buch des Propheten Joël, das in der Pfingsterzählung zitiert wird (vgl. Apg 2,17–21), ist dies gleichbedeutend damit, dass Menschen zu Prophetinnen und Propheten werden:

Joël 3,1–5

¹Danach aber wird es geschehen, / dass ich meinen Geist ausgieße über alles Fleisch.
Eure Söhne und Töchter werden Propheten sein, / eure Alten werden Träume haben,/ und eure jungen Männer haben Visionen.
²Auch über Knechte und Mägde / werde ich meinen Geist ausgießen in jenen Tagen.
³Ich werde wunderbare Zeichen wirken / am Himmel und auf der Erde: / Blut und Feuer und Rauchsäulen.
⁴Die Sonne wird sich in Finsternis verwandeln / und der Mond in Blut,
ehe der Tag des Herrn kommt, / der große und schreckliche Tag.
⁵Und es wird geschehen: / Wer den Namen des Herrn anruft, wird gerettet.
Denn auf dem Berg Zion / und in Jerusalem gibt es Rettung,
wie der Herr gesagt hat, / und wen der Herr ruft, der wird entrinnen.

Die Kette der prophetischen Menschen, die von Gottes rettender und richtender Gegenwart Zeugnis ablegen, und von denen der oben zitierte Text des Hebräerevangeliums spricht, geht also nach Jesus weiter, aber auf die neue Weise, wie sie mit Joëls Verkündigung anbricht: Jetzt sind potentiell *alle* Menschen dazu berufen, Prophetinnen bzw. Propheten zu sein, Alte und Junge, Herren, Knechte und Mägde; kurz: alle Menschen, die sich zu Gott, dem

Herrn bekennen, indem sie seinen Namen anrufen. Mit diesem Bekenntnis, so sagt es Joël 3,5, schließen sie sich dem auserwählten Volk Israel an, lassen sich in dessen Geschichte mit Gott hineinnehmen: „Denn auf dem Berg Zion und in Jerusalem gibt es Rettung."

Diese recht dichte Zusammenstellung einer kurzen Passage aus einer Autobiografie der Gegenwart und mehrerer biblischer Texte wirft Fragen auf. Zunächst:

Wie sind Menschen, die heute getauft werden, in das biblisch bezeugte Geschehen eingebunden?

Auf diese Frage lässt sich mit Verweis auf die einschlägigen Überlegungen in Band 1/GKL (vgl. 11–18; 56–61) bereits eine vorläufige Antwort formulieren. McCourt erwähnt als zentrale Handlung des Taufgeschehens das Übergießen oder – zu seiner Zeit nur im protestantischen Umfeld übliche – Eintauchen des Täuflings mit bzw. ins Wasser. Wichtige Merksätze im ersten Band bezogen sich auf solche Symbolhandlungen, die in der Liturgie eine zentrale Rolle spielen (vgl. GKL/1,17–18; 59):

Der Gottesdienst ermöglicht der versammelten Gemeinde Begegnung mit Gott: Durch die ausgewählten Texte, non-verbalen Symbole usw. setzt die Liturgie die jeweilige Feiergemeinde zu den großen Heilstaten Gottes in Beziehung.

Die Versammelten sollen mit ihrer gegenwärtigen Existenz in dieses Heilswirken hineingenommen werden, weil diese Ereignisse, die in der Vergangenheit liegen, offenbar nach dem Willen Gottes Bedeutung für alle Zeiten haben und untereinander wie mit der jeweiligen Gegenwart in einer engen Beziehung stehen.

Diese enge Beziehung stiftet der Heilige Geist: In der Liturgie spielen die verschiedenen Ausdrucksformen

wie Sprache, non-verbale Symbole usw. so zusammen, dass eine rituelle Inszenierung entsteht. Der Heilige Geist nimmt die Glaubenden, die an diesem Ritus teilnehmen, mitten in das biblisch bezeugte Ursprungsgeschehen hinein, das in der jeweiligen Gegenwart dargestellt wird. In dieser gegenwärtigen Inszenierung der großen Heilstaten Gottes wird die Vollendung des Heils in der Zukunft bereits zeichenhaft vorweggenommen.

Auch die Symbolhandlungen, die zur Liturgie der Taufe gehören, sind demnach nicht zufällig ausgewählt. Im deutschen Sprachgebiet ist heute der Kindertaufritus von 1971 üblich. Wenn man diesen Ritus zunächst beispielhaft betrachtet, weil wohl die meisten am ehesten mit dieser Taufliturgie vertraut sind, so stellt man fest, dass zum Übergießen mit bzw. Untertauchen ins Wasser unter anderem folgende Handlungen hinzukommen:

 Jede Kindertaufe, die im heute für das deutsche Sprachgebiet gültigen Ritus gefeiert wird, besteht vor allem aus den folgenden (Teil-)Handlungen:

- **Besiegelung/Bezeichnung des Täuflings mit dem Kreuzzeichen**
- **Salbung mit Katechumenenöl (freigestellt!)**
- **Eintauchen ins/Übergießen mit Taufwasser**
- **Salbung mit Chrisam**
- **Anlegen des weißen Taufkleides**
- **Entzünden/Überreichen der Taufkerze.**

Die non-verbalen Symbole bzw. die entsprechenden Symbolhandlungen bilden zusammen mit den Texten aus der Heiligen Schrift, mit Gebeten und Liedern das Gesamtgefüge einer Taufliturgie. Dieses Gefüge, so betonen die oben zitierten Merksätze, steht zu den Heilsereignissen, auf die sich *jedes* kirchliche Taufgeschehen zurückführen lässt, in einem „Verweiszusammenhang", den der Heilige Geist herstellt. Allerdings bleibt es aus der Perspektive des

Glaubens nicht bei einer bloßen Erinnerung an längst vergangene Großtaten Gottes, sondern Gottes Heilshandeln vollzieht sich erneut an denen, die sich zum Gottesdienst versammeln, hier speziell am Täufling.

Eine zweite Frage drängt sich auf:

?

Wie ist die Beziehung zwischen der Taufe des Johannes „mit Wasser", die auch Jesus an sich vornehmen ließ, und der Taufe „mit dem Heiligen Geist", die sich an denen vollzieht, die Jesus nachfolgen, zu verstehen?

Wie in Band 1/GKL sind wir folglich auch jetzt, da es um die Liturgie der Taufe gehen soll, darauf angewiesen, uns zunächst dem biblisch bezeugten Ursprungsgeschehen anzunähern. Hier liegt der Schlüssel für ein sachgemäßes Verständnis dessen, was in jeder Taufe geschieht. Die Schritte, in denen diese Spurensuche am besten angegangen werden kann, sind durch die oben zitierten Bibeltexte bereits vorgegeben.

1.2 Die Taufe Jesu

In den drei synoptischen Evangelien wird auf je charakteristische Weise die Taufe Jesu im Jordan erzählt. Im Band 1/GKL wurde der entsprechende Text in der Fassung des Markusevangeliums bereits ausführlich besprochen (vgl. GKL/1, 36–41). Hier genügt es deshalb, auf solche Aspekte einzugehen, die zur Erschließung der Taufliturgie beitragen. Der Einfachheit halber sei wiederum der Text nach dem Evangelisten Markus zitiert:

Mk 1

⁹In jenen Tagen kam Jesus aus Nazaret in Galiläa und ließ sich von Johannes im Jordan taufen.

¹⁰Und als er aus dem Wasser stieg, sah er, dass der Himmel sich spaltete und der Geist wie eine Taube auf ihn herabkam.

¹¹Und da geschah eine Stimme aus dem Himmel: *Du bist mein geliebter Sohn, an dir habe ich Gefallen gefunden.*

Die Beziehungen zwischen den auftretenden Handlungsträgern lassen sich schematisch darstellen:

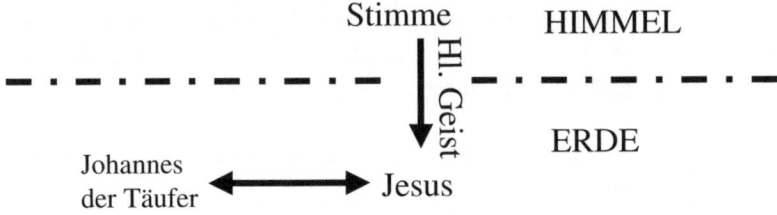

Schematisierung der Kommunikationshandlungen bei der Taufe Jesu
gemäß Mk 1,9-11

In dieser Szene berühren sich – vermittelt durch den Heiligen Geist – in der Person Jesu Himmel und Erde. Für das Verständnis dieses Geschehens ist entscheidend, welchen irdischen Ort der Evangelist dafür wählt bzw. welche Personen er miteinander agieren lässt: Jesus begegnet Johannes und reiht sich in die Schar derer ein, die von Johannes die Taufe empfangen. Im Zusammenhang dieser Szene spricht eine Stimme vom Himmel Jesus an und sagt ihm zu, dass er der geliebte Sohn des Sprechers bzw. der Sprecherin sei. Zunächst ist deshalb die Johannestaufe im Allgemeinen näher zu betrachten, bevor wir uns der Taufe Jesu im Speziellen zuwenden können.

17

Die Johannestaufe als prophetische Zeichenhandlung

Ein der Johannestaufe vergleichbarer Ritus ist in der zeitgenössischen Umwelt nirgends nachzuweisen. Zwar gab es im Judentum zur Zeit Jesu zahlreiche rituelle Waschungen und auch Tauchbäder; aber noch nicht einmal die so genannte Proselytentaufe, d. h. die erste rituelle Waschung eines Mannes, der zum Judentum konvertiert ist, weist die charakteristischen Merkmale der Johannestaufe auf:

Die Johannestaufe unterscheidet sich dadurch von allen zeitgenössischen rituellen Waschungen und Tauchbädern, dass sie

– ein einmaliger, nicht wiederholbarer Vorgang ist (das biblische Zeugnis macht diese Annahme zumindest sehr wahrscheinlich, da die Johannestaufe ja mit einer dauerhaften Umkehr verbunden sein soll, die im nahen Gericht bestehen kann);

– äußeres Zeichen der Sündenvergebung ist (vgl. Mk 1,4);

– von einem Täufer durchgeführt wird, also dezidiert keine Selbsttaufe darstellt.

Das Markusevangelium führt Johannes bzw. seine Taufpraxis wie folgt ein:

Mk 1,4–8

⁴So trat Johannes der Täufer in der Wüste auf und verkündigte Umkehr und Taufe zur Vergebung der Sünden.
⁵Ganz Judäa und alle Einwohner Jerusalems zogen zu ihm hinaus;

sie bekannten ihre Sünden und ließen sich im Jordan von ihm taufen.
[6]Johannes trug ein Gewand aus Kamelhaaren und einen ledernen Gürtel um seine Hüften, und er lebte von Heuschrecken und wildem Honig.
[7]Er verkündete:
Nach mir kommt einer, der ist stärker als ich;
ich bin es nicht wert, mich zu bücken, um ihm die Schuhe aufzuschnüren.
[8]Ich habe euch nur mit Wasser getauft,
er aber wird euch mit dem Heiligen Geist taufen.

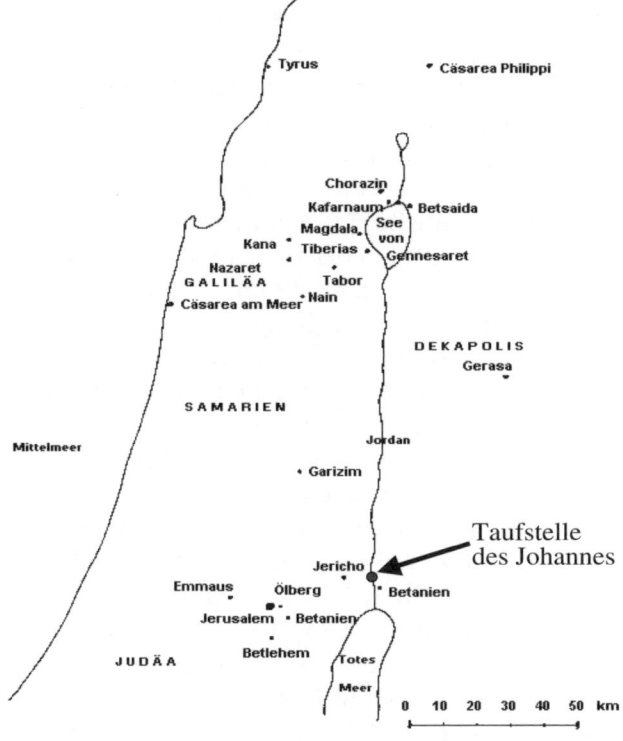

Karte: Palästina zur Zeit Jesu

19

Nach einer bestimmten Interpretation, der wir hier folgen, ist für die Konzeption von Handeln und Botschaft des Johannes entscheidend, dass Markus ihn an einer bestimmten Stelle am Jordan agieren lässt:

An der entsprechenden Furt ist gemäß der biblischen Überlieferung das Volk Israel durch den Fluss ins gelobte Land hineingezogen, das Gott ihm in Ägypten als Ziel des Auszugs benannt hatte (vgl. z. B. Ex 3,8): Das Durchschreiten des Jordans ist dem Durchzug durch das Schilfmeer analog (vgl. Jos 3,16–17). Mit der Wahl dieses Ortes drückt das Evangelium aus, dass Johannes' Handeln in der Tradition des Exodus steht, in der Tradition des Befreiungshandelns Gottes an seinem Volk. Zudem trägt Johannes mit dem Kamelhaarmantel und dem Ledergürtel das Gewand der Nomaden, der Wüstenbewohner (im Übrigen nach 2 Kön 1,8 auch die Kleidung des Propheten Elija; darauf ist noch zurückzukommen) und ernährt sich von deren typischen Speisen: Heuschrecken und wildem Honig. Auch das Markusevangelium versteht also den rituellen Vollzug der Johannestaufe auf der Linie der oben nochmals zusammengestellten Leitsätze: Sich im Jordan taufen zu lassen, ermöglicht den Menschen, am Ereignis des Exodus teilzuhaben; das zeichenhafte rituelle Handeln macht die befreiende „Ur-Heilstat" (R. Meßner) Gottes in der Gegenwart erneut wirksam.

Die Predigt des Täufers interpretiert das Taufgeschehen als eine „Taufe der Umkehr zur Vergebung der Sünden": Die Bedeutung der Taufe ist nur vollständig erfasst, wenn sie – wie der Exodus aus Ägypten – mit einer Umkehr zum Willen Gottes und einer Erneuerung der Beziehung zu Gott verbunden ist, die zu einer Lebensgestaltung gemäß Gottes Idee von der Welt und den Menschen führt. Zu dieser Idee bekennen sich alle, die in die Wüste kommen und sich dadurch, wie das Volk Israel auf seiner Wüstenwanderung, neu auf Gott und seine Botschaft einlassen. Die Zeit in der Wüste steht für Krise und Läuterung, wie sie Israel mehrfach durchlebt hat, etwa als es Gott auf die Probe stellte und schließlich Wasser aus dem Felsen empfangen hat, oder als Israel murrte angesichts des vermeintlichen Nahrungsmangels, der das Volk an Gottes Fürsorge zweifeln ließ (vgl. Ex 15–17).

Bemerkenswert ist allerdings, dass Johannes jenseits des Jordans am Ostufer tauft: an der Schwelle zum verheißenen Land. D. h.: Johannes selber bzw. seine Taufe vollziehen nicht den letzten Schritt ins Land hinein, sondern: Wer sich taufen lassen will, wird zunächst einmal wieder von Johannes aus dem Land herausgeführt, um den skizzierten Läuterungsprozess zu durchlaufen. Nun ist der Zustand vor dem Einzug wiederhergestellt, und dies ist die Voraussetzung dafür, dass der endgültige Übertritt in Gottes Land des umfassenden Heils erfolgen kann. Denn – wie ebenfalls in den obigen Leitsätzen betont – Zeichenhandlungen wie die Johannestaufe verknüpfen nicht nur die Gegenwart mit den großen Heilsereignissen in der Vergangenheit, sondern schlagen auch eine Brücke in die Zukunft: Sie nehmen die Vollendung der Schöpfung, wie sie noch aussteht, symbolisch vorweg. So entspricht der Exodus dem Übergang in das Heil am Ende der Zeiten (vgl. z. B. Jes 11,15–16):

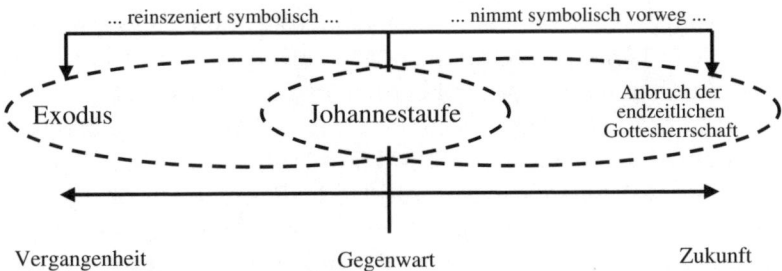

Schema: Die Johannestaufe und deren Ort/Funktion in der Heilsgeschichte

Das Programm des Johannes, wie es sich bei Markus in der Taufhandlung kristallisiert, beruht im Dialog der beiden großen Teile der einen Bibel, im Dialog von Altem und Neuen Testament, maßgeblich auf den Vorstellungen vom Anbruch der Endzeit, wie sie sich im prophetischen Buch Maleachi finden. Dieses Buch, dessen Grundbestand wahrscheinlich aus dem 5. Jh. v. Chr. stammt, beschließt in der Anordnung der Heiligen Schriften, wie sie in der Kirche verbindlich ist, das Alte Testament; und das Neue Testament beginnt mit der Einführung der Figur des Täufers. Insofern sind die letzten Verse des ersten Teiles unserer Bibel entscheidend für das Verständnis von Johannes' Person und Botschaft:

21

Mal 3,22–24

²²Denkt an das Gesetz meines Knechtes Mose;
am Horeb habe ich ihm Satzung und Recht übergeben,
die für ganz Israel gelten.
²³Bevor aber der Tag des Herrn kommt,
der große und furchtbare Tag,
seht, da sende ich zu euch den Propheten Elija.
²⁴Er wird das Herz der Väter wieder den Söhnen zuwenden
und das Herz der Söhne ihren Vätern,
damit ich nicht kommen
und das Land dem Untergang weihen muss.

Die Evangelien lassen keinen Zweifel daran, dass sie in Johannes den wiederkehrenden Elija sehen: den Vorboten des endzeitlichen, oder mit dem theologischen Begriff: eschatologischen (von griech. *eschaton*: der Letzte; Eschatologie: Lehre von den letzten Dingen) Handelns Gottes (vgl. Mt 17,10; Mk 9,11–12; Lk 1,17). So ist die Stelle, an der Johannes tauft, nicht nur diejenige, an der gemäß dem Buch Josua die Israeliten ins Land hineinzogen, sondern ebenso wurde von hier aus gemäß dem zweiten Kapitel des Zweiten Königsbuches Elija in den Himmel aufgenommen. Dort wurde deshalb Elijas Wiederkehr als letzter Bote Gottes vor dem Anbruch der Endzeit erwartet. Johannes wird in den Evangelien als Elija interpretiert, wie er in Mal 3,23 angekündigt ist: In der Figur des Täufers verklammert die Bibel auf diese Weise das Neue Testament und seine Botschaft von Jesus Christus als dem Messias Gottes, dem Erlöser, mit dem Alten Testament. Und damit ist die Geschichte Gottes mit Israel und mit der ganzen Schöpfung seit deren Anfang, wie er im ersten Buch der Bibel erzählt wird, mit dem Christusereignis in Beziehung gebracht.

Das „verheißene Land", das durch Johannes angekündigt wird und dessen Verwirklichung er vorbereitet, ist demnach Gottes Herrschaft, die Israel sowie alle Menschen und die ganze Schöpfung umfasst. Jesus selber nennt diese Herrschaft in seiner Verkündigung das *Reich Gottes*. Diese Herrschaft entspricht, das macht der gerade zitierte Vers Mal 3,22 klar, dem Willen Gottes, wie er sich in Wort und Tat in der Ur-Heilstat der Befreiung aus Ägypten offenbart hat. Johannes ist nicht selber derjenige, der „über den Fluss hinüberführt", der das endzeitliche Reich Gottes bringt. Dies geschieht in Jesus Christus, in demjenigen, dessen Schuhe zu lösen Johannes nicht würdig ist.

Bei Matthäus und Lukas ist das Johanneswort aus Mk 1,8 übrigens etwas anders überliefert, und dies gibt uns die Möglichkeit, die Ausrichtung der Johannestaufe auf die Zukunft und den Unterschied zwischen Johannes und Jesus noch schärfer zu profilieren:

Mt 3,11 par Lk 3,16

[11]Ich taufe euch nur mit Wasser (zum Zeichen) der Umkehr.
Der aber, der nach mir kommt, … wird euch mit dem Heiligen Geist und mit Feuer taufen.

Gegenüber der endzeitlichen Herrschaft Gottes kann der Mensch sich zustimmend oder ablehnend verhalten. Die Rolle des Johannes besteht darin, die Zahl derer, die sich nicht dem Willen Gottes zuwenden und sich nicht von Gott ansprechen lassen, möglichst klein zu halten: Alle erhalten mittels der Predigt und Taufe des Johannes die Möglichkeit, sich auf das kommende Reich vorzubereiten, damit ihnen dieses endgültig zum Heil gereiche, und nicht etwa zum Gericht. Das Bild von der Feuertaufe drückt dies unmissverständlich aus: Sie steht für das bevorstehende Gericht, das alle vernichten wird, die sich der Ankunft Gottes verschließen. Johannes' Wassertaufe bewahrt vor dieser Vernichtung: Die Umkehr schützt vor dem verzehrenden Feuer. Damit ist die Voraussetzung dafür geschaffen, dass die Geretteten den Heiligen Geist empfangen können und so wiederhergestellt werden, wie Gott sich sein Ebenbild in der ursprünglichen Schöpfung einmal gedacht hatte (vgl. Ez 36,22–32).

Die Bedeutung der Johannestaufe lässt sich in folgenden Aspekten zusammenfassen:

Die Johannestaufe ist eine *prophetische Zeichenhandlung,* die

- **symbolisch die Ur-Heilstat Gottes, die Befreiung Israels aus Ägypten und seine Erwählung als Gottes Volk, reinszeniert und den endzeitlichen Anbruch der Herrschaft Gottes vorwegnimmt und so vorbereitet;**

- **die Menschen vor dem Anbruch des Reiches Gottes neu mit dem rettenden und richtenden Willen Gottes konfrontiert und sie, insofern sie sich zu Gott bekehren, vor dem kommenden Gericht bewahrt;**

- **der Ankunft des Sohnes Gottes, Jesus Christus, den Weg bereitet. Johannes ist gemäß gesamtbiblischer Sicht der wiederkehrende Elija, der Bote Gottes, der den Messias ankündigt.**

Jetzt stellt sich allerdings die Frage:

Warum unterzieht sich Jesus gemäß den Evangelien selber der Johannestaufe, da sie doch eigentlich sein eigenes Wirken vorbereiten und der Umkehr und Vergebung der Sünden dienen soll? Hatte Jesus, der Sohn Gottes, das denn nötig?

Damit können wir von der Johannestaufe im Allgemeinen zur Taufe Jesu im Speziellen übergehen.

Die Taufe des Gottessohnes als endzeitliche „Verschmelzung" von Himmel und Erde

In seinen an manchen Stellen beinahe poetisch anmutenden Ausführungen zur „Liturgie aus dem Urquell" arbeitet J. Corbon die Bedeutung der Taufe Jesu heraus, indem er das Hineinsteigen Jesu in den Jordan als Offenbarung des Geheimnisses seiner Person wertet. Dieses Geheimnis besteht zuinnerst darin, dass der Gottessohn gänzlich in die Menschlichkeit „eintaucht": „Jesus geht zum Menschen, um in ihn ‚eingetaucht' zu werden, bis hin zur Tiefe seines Todes. Da Jesus auftritt, dringt das Liebesgeheimnis, das in ihm Fleisch wurde, in das Zeichen ein, worin es sich ausdrückt; der Lebensstrom ... taucht ein in den Jordanfluss. Der geringste, unbedeutendste der damaligen Flüsse wird zum Zeichen, das das Mysterium in sich trägt. Jesus wird im Wasser getauft: das ist das Zeichen; aber die offenbare Wahrheit ist, dass seither Fleisch und Zeit, Mensch und Welt vom Wort des Lebens durchdrungen sind, das sie ein für allemal angezogen hat" [31 f]. Dieser Zugang deutet die Taufe Jesu durch Johannes gleichsam wie eine zweite Geburt des Gottessohnes: In Anlehnung an das Wort „Du, Betlehem im Gebiet von Juda, bist keineswegs *die unbedeutendste unter den führenden Städten von Juda; denn aus dir wird ein Fürst hervorgehen, der Hirt meines Volkes Israel"*, das in Mt 2,6 bezüglich der Geburt Jesu zitiert wird (vgl. Mi 5,1.3; 2 Sam 5,2), ist hier vom Jordanfluss als dem geringsten und unbedeutendsten der Flüsse die Rede, in den Jesus eintaucht. (Ob diese Einschätzung des Jordan, der zwar nach unserem Verständnis höchstens einem kleineren Flüsschen entspricht, allerdings der größte Strom im Umkreis von 1000 km ist, dem biblischen Horizont entspricht, sei hier dahingestellt.) Der Gottessohn stellt sich auch hinsichtlich ihrer Umkehrbedürftigkeit auf die Seite der Menschen. Er schließt sich der Schar derer an, die zu Johannes hinaus wandern, reiht sich bei denen ein, die sich neu von Gott befreien und ins gelobte Land führen lassen wollen. Dies lässt sich in zwei Richtungen weiter entfalten:

Die Taufe Jesu als Salbung des endzeitlichen Propheten und Messias

Bereits im ersten Band des Grundkurses wurde herausgestellt, dass Tauf- und Versuchungsszene innerhalb des Markusevangeliums vor allem die Funktion einer Berufungserzählung haben (vgl. GKL/1, 37–41). Jetzt kann das dort Gesagte nochmals etwas anders beleuchtet werden. Die Vision Jesu, der den Himmel sich öffnen und den Geist auf sich herabkommen sieht, ist eine Offenbarung der endzeitlichen Verbindung von Himmel und Erde. An Jesus ereignet sich nun die von Johannes angekündigte Geisttaufe. Mit Jesus ist die verheißene Zeit angebrochen, und das gelobte Land, das er in Person ist, kann betreten werden.

Jesus ist zum endzeitlichen Propheten berufen (vgl. Ez 1). Allerdings ist in ihm das prophezeite Reich Gottes bereits Wirklichkeit geworden, wie er unter anderem durch Heilungen und Dämonenaustreibungen zeichenhaft dokumentiert. Diese Einsetzung zum Propheten der Endzeit ist folglich nicht einfach mit anderen Prophetenberufungen vergleichbar, sondern in Jesus ist *der* Knecht Gottes schlechthin erschienen (vgl. Jes 42,1; Ps 2,7): Gottes Sohn, der nicht als Prophet einen bestimmten Auftrag bekommt, „der eine Autorität hat, die nicht von einer höheren Instanz abgeleitet wird, sondern die ihm direkt und ganz selbstverständlich zukommt" (B. van Iersel). Das wird durch die Himmelsstimme klar, welche die Vision ergänzt und interpretiert.

Für die tauftheologische Auswertung ist besonders interessant, dass der Evangelist Lukas die Einsetzung Jesu als endzeitlicher Prophet bzw. Messias mit Bezug auf Jesaja 61,1–2 deutet, wenn Jesus im Lukasevangelium von sich selbst in der Synagoge von Nazaret sagt:

Lk 4,18–19

[18]Der Geist des Herrn ruht auf mir;
denn der Herr hat mich gesalbt.
Er hat mich gesandt,

> *damit ich den Armen eine gute Nachricht bringe;*
> *damit ich den Gefangenen die Entlassung verkünde*
> *und den Blinden das Augenlicht;*
> *damit ich die Zerschlagenen in Freiheit setze*
> *[19]und ein Gnadenjahr des Herrn ausrufe.*

In der Taufe wird, wie wir noch sehen werden, der Täufling mit Bezug auf die biblische Metapher von der Salbung als Verleihung des Geistes Gottes ebenfalls gesalbt und damit in die Taufe Jesu mit hineingenommen, Jesus gleichgestaltet. Er ist damit befähigt und in der Pflicht, sich ebenso den Schwächsten und Geringsten zuzuwenden, wie Jesus dies praktiziert hat. Die Taufe Jesu ist Ursprungsgeschehen für die Taufe aller, die auf den Namen Jesu Christi getauft werden, womit wir bei einem zweiten Aspekt sind:

Die Taufe Jesu als paradiesische Salbung

In judenchristlichen Texten ist Jesu Taufe auch als Salbung mit Öl vom Baum des Lebens dargestellt. Jesus ist der neue Adam, der durch seinen Gehorsam dem göttlichen Heilswillen gegenüber das Paradies wieder aufschließt. So wie mit Jesus Gott in den Jordan eintaucht, so wird die ganze Erde durch den Himmel erfüllt werden, durch Gottes Reich. Was hier symbolisch geschieht, wird sich dereinst für die ganze Wirklichkeit ereignen. Die neue Schöpfung der Endzeit verbindet Himmel und Erde zur einen Herrschaft Gottes.

Das Markusevangelium enthält diesen Aspekt ebenfalls, da es direkt auf die Taufe Jesu die äußerst prägnant geschilderte Szene seiner Versuchung in der Wüste folgen lässt:

Mk 1

[12]Danach trieb der Geist Jesus in die Wüste. [13]Dort blieb Jesus vierzig Tage lang und wurde vom Satan in Versuchung geführt. Er lebte bei den wilden Tieren, und die Engel dienten ihm.

Jesus lässt sich vom Geist Gottes, dem Bewegungsprinzip der Heilsgeschichte, in die Wüste treiben, und erlebt dort, wie Israel auf seiner vierzigjährigen Wüstenwanderung, dass Gottes Gnade zwar immer gegenwärtig ist, aber der Mensch sich je neu dafür öffnen muss, denn: Zu mächtig sind die Ablenkungsmanöver der Kräfte, die auf rein innerweltliche Bedürfnisbefriedigung setzen und die Versuchung nahe legen, auf Sinnangebote zu bauen, die erst bei genauerer Prüfung ihr widersinniges Wesen offenbaren. Oder eben anders gesagt: Im Gegensatz zum „ersten Adam" widersteht Jesus dem Bösen, und deshalb versperren die Engel nicht mehr länger den Zugang zum Paradies (vgl. Gen 3,24), sondern dienen dem Menschen; Mensch und Tier leben wieder in friedlicher Eintracht (vgl. Jes 11,6–8). Alle diese Bilder stehen für den Zustand der Schöpfung vor dem Sündenfall und im endzeitlichen Heil.

Die Wüste ist unter dieser Perspektive auch eines der „Todesbilder", die den Zustand vor der Erschaffung der Welt illustrieren. Im ersten Schöpfungsbericht der Bibel (Gen 1,1–2,4a) dienen solche Bilder dazu, eine große Urerzählung zu entwickeln, die nicht historisch oder gar naturwissenschaftlich exakt berichten will, wie die Welt entstanden ist, sondern *wer* dieses Werk vollbracht hat und *mit welchem Ziel*. Der Autor hat den Text deutlich gegliedert durch die Abfolge der sieben Schöpfungstage, durch den immer gleichen Aufbau der einzelnen Abschnitte und die Wiederholung bestimmter Formulierungen. Man kann dies so deuten, dass hier ein Bauwerk mit verschiedenen Stockwerken errichtet wird: Die Welt wird präsentiert als „Lebenshaus für alles Lebendige" (E. Zenger). Gott ist derjenige, so sagt es die Erzählung zu Beginn im hebräischen Original, der in das *„tohuwabohu"*, in die Wüste und Leere hinein sein „Es werde ..." spricht und dadurch dem Chaos eine Ordnung einstiftet. Das Schöpfungshandeln Gottes setzt damit ein, dass er die drei Todesmächte Wüste, Finsternis und Flut bannt und einordnet in das Gesamt seiner Welt. Dabei spielen Himmel und Erde, die bei der Taufe Jesu das „Bühnenbild" darstellen, eine zentrale Rolle. Himmel und Erde grenzen den bewohnbaren Lebensraum gegenüber den Chaosfluten nach unten und oben ab, bilden die äußeren Wände des Lebenshauses:

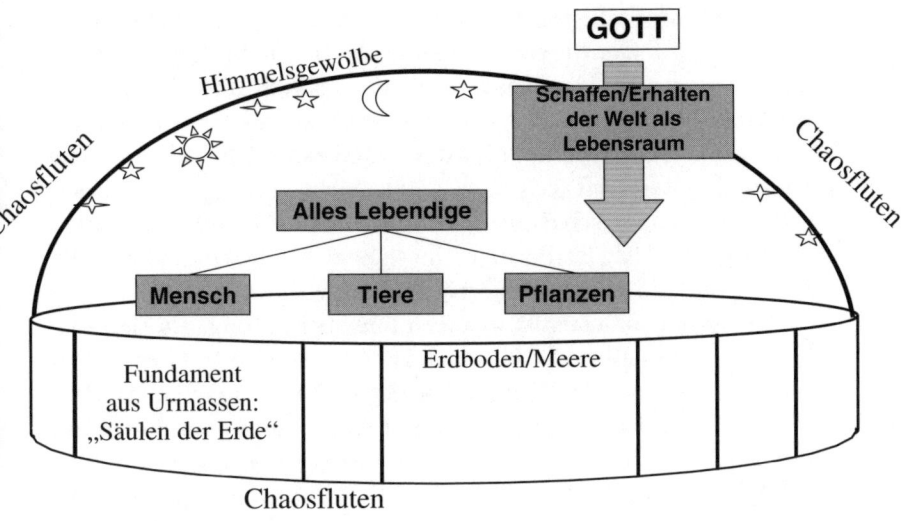

Modell des Kosmos gemäß dem ersten Schöpfungsbericht der Bibel

Bei diesem Schöpfungshandeln ist, ebenso wie bei der Taufe Jesu, der Geist Gottes, der „über dem Wasser schwebte" (Gen 1,2), die treibende Kraft: Als der Atem Gottes vermag er mit seiner intensiven Macht alles an seinen rechten Platz zu versetzen. Dieser Geist richtet ein Lebenshaus her, das nach bestimmten Gesetzen funktioniert, auf dessen Stabilität sich die Bewohner verlassen können. Sie dürfen darauf setzen, dass ein Baumeister tätig war und bleibt, der etwas von seinem Handwerk versteht. Im Vertrauen auf diesen guten Anfang dürfen die Menschen nun das Haus weiter einrichten, kreativ mit dem umgehen, was ihnen Gott zur Verfügung stellt.

Gott hat eine Welt geschaffen, die auf Entfaltung und Weiterentwicklung angelegt ist, eine Welt des Werdens. Die Menschen erhalten Anteil an der Kreativität des Schöpfers. Die Erzählung berichtet eindrücklich davon, wie die Sonderrolle des Menschen als Adressat des Heilswillens Gottes zustande kommt. Gott schafft den Menschen als sein Bild (wörtlich übersetzt: [eine lebendige] Statue). Diese „Bildwerdung" vollzieht sich, indem Gottes Geist im Leib des Menschen Raum greift (vgl. Gen 2,7; ferner Ijob 34,14f und Ps 104,29). Der Mensch selbst wird zum bevorzugten Ort der Gegenwart des Ewigen, seines Geistes in Raum und Zeit und ist von Gott beauftragt, als sein Stellvertreter für die Schöpfung zu sorgen: „Seid fruchtbar und werdet zahlreich und füllt die Erde und unterwerft sie" (Gen 1,28). Nicht anderes kann dieser so genannte „Herrschaftsauftrag" bedeuten: Wer Bild des guten Schöpfergottes ist, ist berufen, in seinem Sinne, und das heißt: Leben schaffend und Leben erhaltend, zu wirken.

Die Geisttaufe Jesus ist insofern neue Schöpfung, als sie Jesus als den herausstellt, der diesem ursprünglichen Bild Gottes vom Menschen auf ideale Weise entspricht. Der Evangelist Markus macht dies eindrucksvoll durch die Erzählungen vom Sturm auf dem See und von der Heilung des Besessenen von Gerasa deutlich (vgl. Mk 4,35–5,20): Sowohl die Reaktion der Jünger auf den Seesturm wie auch der Umgang der Mitmenschen mit dem Besessenen sind geprägt von der Urangst, das Chaos könnte zurückkehren, Gott könnte seiner Ordnung nicht mehr länger Bestand gewähren. Die Jünger werden von Panik gepackt (vgl. Mk 4,38); des unreinen Geistes versucht man Herr zu werden, indem man den Befallenen fesselt, doch auch das zeigt keine Wirkung (vgl. Mk 5,3b–4). Jesus verwirklicht Gottes Zusage, die Welt nicht mehr ins Chaos fallen zu lassen (vgl. Gen 9,11 die Zusage an Noach nach der Sintflut). Diese Zusage Gottes erlaubt, keine Angst mehr zu haben und Gott als dem Schöpfer *und* Erhalter alles Lebendigen zu glauben und zu vertrauen (vgl. Mk 4,40). Dadurch verlieren die Naturgewalten ihren bedrohlichen Charakter (vgl. Mk 4,39). – Kurz: Die Taufe Jesu, in der dieser nach judenchristlichem Verständnis mit dem Öl des Paradiesbaumes gesalbt wird, ist auch eine Erzählung von der Einsetzung des neuen Menschen überhaupt, des Menschen, der sich wieder auf seine Würde als Gottes Ebenbild besinnt und der im Vertrauen auf den guten Schöpferwillen Gottes angstfrei den Mächten des Chaos Widerstand leistet, wo und wie auch immer sie ihm begegnen. Diejenigen, die Jesus nachfolgen, vermögen zu solchen neuen Menschen zu werden, weil Jesus ihnen den Geist, den er bei seiner Taufe empfangen hat, weiterschenkt. Wie wir bereits bei der Besprechung der Szene des

Todes Jesu in GKL/ 1 (vgl. 45–52) gesehen haben, schildert Markus diesen Vorgang beispielhaft anhand der Figur des römischen Hauptmannes:

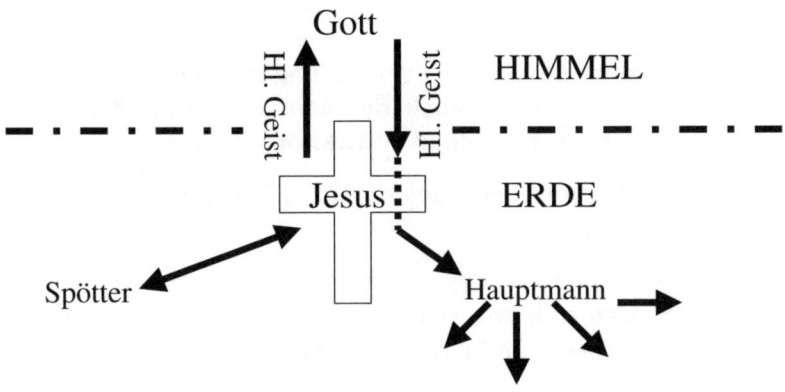

Schematisierung der Kommunikationshandlungen beim Tod Jesu
gemäß Mk 15,33–38

Jesus haucht den Geist aus, den er bei der Taufe vom Himmel her empfangen hat, den Geist, durch den sein Leben erfüllt war. Der Geist bleibt allerdings nicht bei Gott, sondern dieser legt ihn hinein in den Mund des Hauptmanns, der Jesus als Sohn Gottes bekennt: Die Stimme, die bei der Taufe und Verklärung Jesu vom Himmel herab gesprochen hat, wandert jetzt in den Mund eines Menschen. Dort, wo Menschen sich in das Bekenntnis zum Gekreuzigten als dem Sohn Gottes mit hineinnehmen lassen und selber zu Zeuginnen und Zeugen des Erlösungswerkes Jesu Christi werden, bildet sich Gemeinde Jesu Christi, Gemeinschaft derer, die sich als „neue Menschen" verstehen.

Unsere Frage war, warum Jesus als Gottessohn sich im Kontext der Evangelien von Johannes taufen lässt. Zusammengefasst ergibt sich aus den Interpretationen:

! Jesu Taufe im Jordan ist nach neutestamentlichem Verständnis eine Erzählung, die, angereichert mit vielen Bildern vor allem aus dem Alten Testament, berichtet von

- der endzeitlichen Verbindung von Himmel und Erde und vom Anbruch des Reiches Gottes, das schon jetzt – anfanghaft – Wirklichkeit wird;

- der Einsetzung Jesu Christi als Messias im Heiligen Geist;

- der Gestalt des neuen Menschen, der wieder werden soll, wie er einmal von Gott als sein Ebenbild gedacht und geschaffen worden ist.

Damit liegt das Material bereit, um die eingangs des Kapitels gestellte Frage zu beantworten, in welcher Beziehung Jesu Taufe durch Johannes und die Taufe „mit dem Heiligen Geist", die sich an denen vollzieht, die Jesus nachfolgen, stehen.

1.3 Das Verständnis der wichtigsten Elemente der Taufe von den ersten christlichen Gemeinden an

Wir wissen leider nicht sicher, wie Johannes genau getauft hat, und ebenso wenig, ob Jesus selber andere getauft hat. Klar ist jedenfalls, dass bereits die ersten Christen die Johannestaufe aufgegriffen haben: Diese wird zum Ritus des Übergangs hinein ins Christsein. Die Christen knüpfen damit an der skizzierten Konzeption an, gemäß der die Taufe Jesu allgemeinmenschliche Bedeutung hat: „Die Taufe ist ein Akt der Identifizierung des Getauften mit Jesus, dem neuen Adam; in der Taufe wird jeder Mensch nach dem neuen Menschen gestaltet – konkret durch die symbolische Inszenierung der Taufe Jesu in der christlichen

Taufe" (R. Meßner, 69). Mit der Taufe wird der Täufling mit in die Gotteskindschaft Jesu hineingenommen und in die endzeitliche Herrschaft Gottes, die in Jesus Christus anbricht:

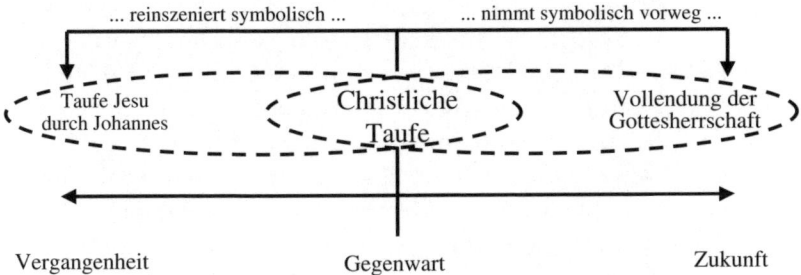

Schema: Die christliche Taufe und deren Ort/Funktion in der Heilsgeschichte

Die verschiedenen Facetten der Johannestaufe und speziell der Taufe Jesu kommen in der christlichen Taufe zum Tragen, und wir können jetzt aufzeigen, wie sich dies im einzelnen darstellt. Dafür bietet sich an, dies entlang der oben erwähnten wichtigsten Handlungen innerhalb des heutigen Kindertaufritus zu tun, wie sie in der ein oder anderen Form schon sehr früh in den christlichen Gemeinden praktiziert worden sind:
– Besiegelung/Bezeichnung des Täuflings mit dem Kreuzzeichen,
– Eintauchen ins/Übergießen mit Taufwasser,
– Salbung mit Chrisam und
– Anlegen des weißen Taufkleides.

Taufe als Bewahrung vor dem Endgericht im Zeichen des Kreuzes

An mehreren Stellen im Neuen Testament ist von der Taufe als „Versiegelung" die Rede (vgl. 2 Kor 1,22; Eph 1,13 und 4,30 sowie Offb 7,2–8 und 9,4). Der zentrale Bezugstext für dieses Verständnis ist ein Kapitel aus dem Buch Ezechiel, das eine Vision des Propheten schildert:

Ez 9

²Da kamen sechs Männer vom oberen Tor [Jerusalems], das im Norden liegt ... ³Die Herrlichkeit des Gottes Israel schwebte von den Kerubim, über denen sie war, hinüber zur Schwelle des Tempels. Er rief den Mann, der das leinene Gewand anhatte und an dessen Gürtel das Schreibzeug hing. ⁴Der Herr sagte zu ihm: Geh mitten durch die Stadt Jerusalem und schreib ein *Taw* auf die Stirn aller Männer, die über die in der Stadt begangenen Gräueltaten seufzen und stöhnen. ⁵Und ich hörte, wie er zu den anderen sagte: Geht hinter ihm her durch die Stadt, und schlagt zu! Euer Auge soll kein Mitleid zeigen, gewährt keine Schonung! ⁶... Doch von denen, die das *Taw* auf der Stirn haben, dürft ihr keinen anrühren.

Die Gerechten werden dadurch vor Gottes Strafgericht geschützt, dass ihnen der letzte Buchstabe des hebräischen Alphabets, das *Taw*, auf die Stirn gezeichnet wird. Dieser Buchstabe war in der althebräischen Schrift ein stehendes oder liegendes Kreuz (+/x). Christlich konnte das Zeichen als griechisches *Chi* und somit als Initiale des Namens Christi bzw. mit Bezug auf das Kreuz Christi gedeutet werden. Unter anderem das Wort Jesu vom Kreuztragen, dass all' denen, die ihm nachfolgen wollen, aufgegeben ist (vgl. Mk 8,34), zeigt an, dass bereits in der frühchristlichen Taufe wie auch heute dem Täufling mit dem Daumen das Kreuzzeichen auf die Stirn gezeichnet wurde. Mit dieser rituellen Handlung wird die ganze Existenz des Getauften unter das Zeichen der Erlösung gestellt: Er gehört nun zu den Geretteten, die bei der Vollendung der Welt „mit dem Siegel gekennzeichnet" sind (vgl. Offb 7,4).

Taufe als Teilhabe am Pascha-Mysterium Jesu Christi im Zeichen des Wassers

In derselben Traditionslinie wie die Rede vom Kreuztragen steht auch ein Vers der österlichen Lichtdanksagung, des so genannten *Exsultet*. Dort heißt es:

> [1]Gekommen ist das heilige Osterfest, an dem das wahre Lamm geschlachtet ward, dessen Blut die Türen der Gläubigen heiligt und das Volk bewahrt vor Tod und Verderben.

Der Vers spielt auf eine Begebenheit an, von der die Erzählung vom Auszug aus Ägypten berichtet. Den Israeliten wird aufgetragen, am Vorabend der Befreiung pro Hausgemeinschaft bzw. Nachbarschaft ein Lamm nach genauen Vorschriften zu verzehren. Gemäß einer der Vorschriften sollen die Israeliten Teile des Lammblutes nehmen, um die beiden Türpfosten und den Türsturz der Häuser damit zu bestreichen (vgl. Ex 12,7); dann werde der Verderber an ihren Türen vorüberziehen, während die Ägypter heimgesucht werden (vgl. Ex 12,12–13). Der zitierte Vers 1 des *Exsultet* entschlüsselt durch die Einspielung dieser alttestamentlichen Begebenheit das Ostergeschehen: Er stellt eine enge Beziehung zwischen Jesus Christus, der als „jenes *wahre* Lamm" bezeichnet wird (vgl. Offb 5,6.9.12), bzw. zwischen seinem Kreuzestod und der Schlachtung der Paschalämmer beim Auszug aus Ägypten her. Für das Verständnis der Taufliturgie ist wiederum aufschlussreich, dass mit den „Türen der Gläubigen", die durch Jesu Blut geheiligt werden, die Stirnen der Täuflinge gemeint sind, die mit dem Kreuz signiert werden.

An solchen Texten zeigt sich beispielhaft, wie sich die zentralen heilsgeschichtlichen Stationen zueinander verhalten und in die Taufliturgie einfließen. Band 1/GKL hat skizziert, dass dies vor allem im Begriff des „Pascha-Mysteriums" zum Ausdruck kommt, den die Liturgiekonstitution des Zweiten Vatikanums als zentral für das Verständnis der Liturgie herausgehoben hat. Taufe gliedert ein in das Pascha Jesu Christi, „sein seliges Leiden, seine Auferstehung von den Toten und seine glorreiche Himmelfahrt" (SC Nr. 5), wobei dieses Erlösungswerk Jesu Christi wiederum nur richtig einzuordnen und zu verstehen ist, wenn es in Beziehung gesetzt wird zum Heilshandeln Gottes an seinem auserwählten Volk Israel, das in der Herausführung aus Ägypten kulminiert. Taufe gliedert folglich ein in das befreiende und rettende Handeln Gottes überhaupt, wie es sich besonders in den genannten großen Heilstaten geoffenbart hat.

Diese Eingliederung in die Heilsgeschichte vollzieht sich innerhalb des Ritus auf verschiedene Weisen, von denen mit dem eigentlichen Wassertaufakt nur die wichtigste angesprochen sei:

Im sechsten Kapitel des Römerbriefes setzt Paulus den Wassertaufakt mit Tod und Auferstehung Jesu parallel:

Röm 6

³Wisst ihr denn nicht, dass wir alle, die wir auf Christus Jesus getauft wurden, auf seinen Tod getauft worden sind? ⁴Wir wurden mit ihm begraben durch die Taufe auf den Tod; und wie Christus durch die Herrlichkeit des Vaters von den Toten auferweckt wurde, so sollen auch wir als neue Menschen leben. ⁵Wenn wir nämlich ihm gleich geworden sind in seinem Tod, dann werden wir mit ihm auch in seiner Auferstehung vereinigt sein. ⁶Wir wissen doch: Unser alter Mensch wurde mitgekreuzigt, damit der von der Sünde beherrschte Leib vernichtet werde und wir nicht Sklaven der Sünde bleiben. ⁷Denn wer gestorben ist, der ist frei geworden von der Sünde. ⁸Sind wir nun mit Christus gestorben, so glauben wir, dass wir auch mit ihm leben werden. ⁹Wir wissen, dass Christus, von den Toten auferweckt, nicht mehr stirbt; der Tod hat keine Macht mehr über ihn. ¹⁰Denn durch sein Sterben ist er ein für allemal gestorben für die Sünde,

> sein Leben aber lebt er für Gott. [11]So sollt auch ihr euch als neue Menschen begreifen, die für die Sünde tot sind, aber für Gott leben in Christus Jesus.

Dieser Abschnitt aus dem Römerbrief ist – wenn auch erst seit dem vierten Jahrhundert – einer *der* Tauftexte der Kirche und ist in zahlreichen großen Gemeinden, die eine Führungsstellung innerhalb der Christenheit innehatten, Grundlage der Taufliturgie. Röm 6 ist als biblischer Bezugstext der Taufpraxis und Tauftheologie nicht mehr wegzudenken – völlig zu Recht: An kaum einer anderen Stelle der Bibel ist so dicht zusammengestellt, was das Wesen der christlichen Taufe ausmacht. Das Untertauchen ins bzw. Übergießen mit Wasser ist symbolisches Eintauchen des Menschen in den Tod Christi und damit in die Fluten des Chaos, die von Beginn der Schöpfung an zwar durch Gott gebannt sind, aber dennoch aufgrund der Absage des Menschen gegenüber dem Gott des Lebens in ihren vielfachen Formen immer wieder die Schöpfung bedrohen. Doch weil Christus durch den Vater auferweckt worden ist, kann auch der Täufling aus diesem Wasser lebendig wieder emporsteigen und erhält Anteil an der Existenzform des neuen Menschen. Der alte Mensch, alles, was sich von Gott und seiner Liebe abgewandt hatte, wird in der Taufe gleichsam „gekreuzigt". Der Mensch ist durch den Kreuzestod Jesu, seine Hingabe am Kreuz aus Liebe, erlöst.

Paulus spricht von den zwei Seinsweisen des Menschen: vom Sein „dem Fleische nach" und der Existenz „dem Geist nach". Das Leben, dass in die Sünde verstrickt ist, ist durchgängig geprägt von Angst erzeugenden Strukturen und lähmenden, krankmachenden Beziehungen. Solches gottwidriges Sein zeigt sich etwa in den Begegnungen Jesu mit den Dämonen, welche die Menschen versklaven. Dieses Sein dem Fleische nach ist letztlich ein „Sein zum Tode" (S. Kierkegaard). Die Taufe hingegen ist Übergang in das neue Leben, die neue Existenzweise. Dieses Sein gemäß dem Geist Gottes bewährt sich dadurch, dass sich der/die Getaufte bzw. der/die Taufbewerber(in) auch bewusst als neuer Mensch begreift und entsprechend lebt: Getauft zu sein

37

heißt „für Gott leben in Christus Jesus". D. h. zusammengefasst: Die Taufe nimmt den Täufling *symbolisch* in die Existenz Jesu, in sein Sterben und Auferstehen, mit hinein. Das Erlösungswerk Jesu ist als einmaliges Geschehen innerhalb der Geschichte eine Ereignisfolge der Vergangenheit, wird aber in jeder Taufhandlung gegenwärtig, indem das menschliche Leben mit dieser Ereignisfolge bzw. mit der Person Jesu Christi identifiziert wird. Dieses sakramentale, endzeitliche Sein des neuen Menschen kommt da zur Enthüllung, wo die Nachfolge Jesu auf dem irdischen Lebensweg praktiziert wird. Die Taufe muss, bildlich gesprochen, Früchte bringen. Das Sein, das geprägt ist vom Geist Gottes, muss im Alltag praktisch werden. In Paulus' Galaterbrief heißt es zu den Früchten beider Existenzweisen des Menschen:

 Gal 5

[16]Darum sage ich euch: Lasst euch vom Geist leiten, dann werdet ihr das Begehren des Fleisches nicht erfüllen. [17]Denn das Begehren des Fleisches richtet sich gegen den Geist, das Begehren des Geistes aber gegen das Fleisch; beide stehen sich als Feinde gegenüber … [19]Die Werke des Fleisches sind deutlich erkennbar: Unzucht, Unsittlichkeit, ausschweifendes Leben, [20]Götzendienst, Zauberei, Feindschaften, Streit, Eifersucht, Jähzorn, Eigennutz, Spaltungen, Parteiungen, [21]Neid und Mißgunst, Trink- und Eßgelage und ähnliches mehr. Ich wiederhole, was ich euch schon früher gesagt habe: Wer so etwas tut, wird das Reich Gottes nicht erben. [22]Die Frucht des Geistes aber ist Liebe, Freude, Friede, Langmut, Freundlichkeit, Güte, Treue, [23]Sanftmut und Selbstbeherrschung … [24]Alle, die zu Christus gehören, haben das Fleisch und damit ihre Leidenschaften und Begierden gekreuzigt. [25]Wenn wir aus dem Geist leben, dann wollen wir dem Geist auch folgen.

Dass der Getaufte hineingenommen ist in den Übergang, das Pascha Christi vom Tod ins Leben, dass er Anteil erhält am neuen Leben, drückt übrigens neben Röm 6 auch ein berühmtes Bild aus dem Johannesevangelium ganz wunderbar aus: Im Gespräch mit Nikodemus, der vor Jesus bekennt, dass er ihn tatsächlich für einen Gesandten Gottes hält, vergleicht der johanneische Jesus die Taufe mit einer Wiedergeburt:

 Joh 3

> [3]... Ich sage dir: Wenn jemand nicht von neuem geboren wird, kann er das Reich Gottes nicht sehen. [4]Nikodemus entgegnete ihm: Wie kann ein Mensch, der schon alt ist, geboren werden? Er kann doch nicht in den Schoß seiner Mutter zurückkehren und ein zweites Mal geboren werden. [5]Jesus antwortete: Amen, Amen, ich sage dir: Wenn jemand nicht aus Wasser und Geist geboren wird, kann er nicht in das Reich Gottes kommen.

Die Wiedergeburt ist Bild für das Taufgeschehen: Der Übergang in das Reich Gottes ist wie das Geschenk eines neuen Lebens (vgl. auch Tit 3,5). Dieses Bild wurde in der Entwicklung der Taufliturgie, wie wir noch sehen werden, immer wieder aufgegriffen. So wird z. B. im eingangs des Kapitels zitierten Hebräerevangelium der Geist, der bei der Taufe verliehen wird, als Mutter eingeführt, die den Täufling neu gebiert.

Leider wissen wir für die neutestamentliche Zeit wiederum nicht, wie der Wassertaufakt diese großen Gedanken im Einzelnen ausgedrückt hat. Von der skizzierten Konzeption her liegt aber die Vermutung nahe, dass der Täufling untergetaucht, symbolisch in den Chaosfluten begraben und wieder aus dem Wasser emporgeholt, symbolisch ins neue Leben gehoben wurde. (Die Fachleute sprechen von der *Submersionstaufe*.) Dieser Gedanke wurde später in verschiedenen Traditionen aufgenommen. Das werden nachfolgende Kapitel zeigen.

Taufe als Aufnahme in die Gemeinde Jesu Christi im Zeichen des weißen Kleides

Gemäß den meisten neutestamentlichen Texten wird „auf den Namen Jesu Christi" getauft (vgl. z. B. Apg 2,38.8,16 o. ä.; 1 Kor 1,13; 6,11 und 1 Kor 15 *passim*). Die heute gebräuchliche Taufformel „Ich taufe dich im Namen des Vaters, des Sohnes und des Heiligen Geistes" ist hingegen im Neuen Testament nur einmal, in Mt 28,19, belegt. In den Anfängen war die Namensanrufung Jesu Christi in der Liturgie wohl während der Wassertaufhandlung verortet (vgl. Jak 2,7). Sicher bezeugt ist diese Praxis seit dem 2. Jahrhundert. – „Auf den Namen des N." ist zunächst eine Wendung, die im Bankgeschäft für einen Überweisungsvorgang steht. Taufe heißt also, dass der Täufling nun Christus gehört (vgl. Gal 3,29). Der Apostel Paulus hat diesen Gedanken, wie gerade gezeigt, in seinen Briefen genauer entfaltet: Taufe ist Übertritt aus dem Herrschaftsbereich der Sünde und des Todes in den Herrschaftsbereich Jesu. Wer diesen Übertritt vollzieht, wird im skizzierten Sinne zu einem neuen Menschen gemäß der Schöpfungsidee Gottes.

In der Anrufung des Namens Jesu Christi äußert sich der menschliche Part dieses Geschehens: Der Täufling, bzw. stellvertretend für ihn – wie bei der Säuglingstaufe – Eltern und Paten, bekennen den Glauben an Jesus Christus; sie anerkennen die „neue Herrschaft", unter der von nun an ihre gesamte Existenz steht. Glaube und Taufe sind zwei Seiten ein- und derselben Medaille. Wiederum im Galaterbrief verwendet Paulus das Bild des Kleides, um diesen Zusammenhang zu verdeutlichen:

Gal 3

[26]Ihr alle seid durch den Glauben Söhne Gottes in Jesus Christus. [27]Denn ihr alle, die ihr auf Christus getauft seid, habt Christus (als Gewand) angelegt. [28]Es gibt nicht mehr Juden und Griechen, Sklaven und Freie, nicht Mann und Frau; denn ihr alle seid „einer" in Christus.

Die Taufe ist notwendige Besiegelung des Glaubens an das Evangelium, die Frohe Botschaft von der Erlösung der ganzen Schöpfung im Kreuz und der Auferstehung Jesu Christi: Wir sind durch den Glauben Kinder Gottes und durch die Taufe hineingenommen in das Christusereignis. „Im Glauben findet sich der Mensch in der Geschichte Jesu Christi, weil diese von vornherein, als die Geschichte des ‚letzten Adam' seine Geschichte ist, ‚für ihn' geschehen, und er anerkennt zugleich (im Bekenntnis des Glaubens) diese Geschichte als seine eigene" (R. Meßner, 75). Das Bekenntnis des Glaubens in diesem Sinne ist dann aber gegenüber der Erwählung und Errettung durch Gott sekundär: Der Mensch vermag sein persönliches Bekenntnis „nur" als Anerkenntnis des Glaubens zu sprechen, der ihm von Gott her geschenkt wird. Und ebenso wenig, wie der Mensch aus sich alleine heraus glauben kann, vermag er sich selber zu taufen! Die Entscheidung Gottes für den Menschen setzt dessen Möglichkeiten frei, sich für Gott zu entscheiden und den geschenkten Glauben bewusst nachzuvollziehen. Der Mensch ist *durch Gott* neue Schöpfung in Christus, Schöpfung, die von der endgültigen und umfassenden Versöhnung geprägt ist (2 Kor 5,17–19).

Das Bekenntnis des Glaubens hat sich in der konkreten Taufliturgie wahrscheinlich von Beginn an in unterschiedlichen Formen geäußert; dazu ist später noch mehr zu sagen. Für jetzt ist noch wichtig, dass die Kirche beim Anlegen des weißen Kleides im Taufgottesdienst bis heute unter anderem auf die zitierte Stelle aus dem Galaterbrief Bezug nimmt. Alle Getauften erhalten dieses Gewand, und darin dokumentiert sich, dass sie alle im selben Glauben getauft wurden und fortan „in Christus" existieren. Sie sind nicht mehr vor allem durch das geprägt, was sie bisher ausgemacht hat: ihr Geschlecht, ihr sozialer Status, ihre Zugehörigkeit zu einem Volk, zu bestimmten kulturellen Traditionen – das alles wird in der Taufe „überkleidet"; prägend ist nun das neue Sein in Christus.

Im Zeichen des Taufkleides wird nach außen dokumentiert, dass es *das* Wesensmerkmal aller, die sich zur christlichen Gemeinde rechnen, ist, Jesus als den Christus anzurufen, und damit ein Bekenntnis zu ihm als Erlöser abzulegen (vgl. 1 Kor 1,2;

Apg 9,14). Durch die Taufe ist der Mensch zu diesem Bekenntnis ermächtigt. Es ist ein Bekenntnis innerhalb einer konkreten menschlichen Gemeinschaft, welche die persönliche Glaubensentscheidung des einzelnen Menschen trägt und fördert. Und in dieser menschlichen Gemeinschaft der Kirche soll sich durch eine entsprechende Lebenspraxis zeigen, wie das neue Sein in Christus aussieht; hier sollen die oben beschriebenen Früchte des Geistes reifen. Taufe ist Eingliederung in die Gemeinschaft derer, die sich von Jesus und seiner Lebensbotschaft als das endzeitliche Volk Gottes sammeln lassen, eine Sammlungsbewegung, die sich bei der Wiederkunft des Gottessohnes vollenden wird: „Dann wird man den *Menschensohn* mit großer Macht und Herrlichkeit *auf den Wolken kommen sehen.* Und er wird die Engel aussenden und die von ihm Auserwählten *aus allen vier Windrichtungen zusammenführen,* vom Ende der Erde bis zum Ende des Himmels" (Mk 13,26f parr.).

An einer anderen Stelle vergleicht Paulus die Gemeinde auf diesem Hintergrund mit dem Leib Christi. In Christus zu sein, heißt, seinem Leib anzugehören, und wieder ist davon die Rede, dass dies alle bisher geltenden Maßstäbe überwindet:

> **1 Kor 12**
>
> ¹²Denn wie der Leib eine Einheit ist, doch viele Glieder hat, alle Glieder des Leibes aber, obgleich es viele sind, einen einzigen Leib bilden: so ist es auch mit Christus. ¹³Durch den einen Geist wurden wir in der Taufe alle in einen einzigen Leib aufgenommen, Juden und Griechen, Sklaven und Freie, und alle wurden wir mit dem einen Geist getränkt.

Der Leib, in den nach Paulus hineingetauft wird, ist der *eucharistische Leib* Christi: Die Feier der Eucharistie stellt zeichenhaft die Gemeinschaft dar, die der Leib Christi ist. Hier erhalten die Getauften in der Kommunion immer wieder Anteil an Christi gekreuzigtem und auferstandenen Leib, an seiner ganzen Person (vgl. 1 Kor 10,16f). Ganz plastisch wird dies dann, wenn die Neugetauften, wie dies in den ersten Jahrhunderten der Kirchengeschichte selbstverständlich war, in ihren weißen Kleidern erstmals zur Feier der Eucharistie hinzutreten, zur eucharistischen Tischgemeinschaft. Die Taufliturgie läuft auf die Eucharistie als Gipfelpunkt zu. Und nochmals sei betont: Die hier gefeierte Gemeinschaft muss sich auch im Leben bewähren, in einer neuen Weise, soziale Beziehungen zu gestalten, die keine kulturellen, geschlechtlichen, gesellschaftlichen Grenzen mehr kennen.

Taufe als Empfang der Gabe des Heiligen Geistes im Zeichen der Salbung

Viel war bereits vom Geist die Rede, der die Taufe bewirkt *und* in der Taufe geschenkt wird. Kurz vor der gerade zitierten Stelle aus dem Ersten Korintherbrief heißt es hierzu:

1 Kor 12

[4]Es gibt verschiedene Gnadengaben, aber nur den einen Geist. [5]Es gibt verschiedene Dienste, aber nur den einen Herrn. [6]Es gibt verschiedene Kräfte, die wirken, aber nur den einen Gott: Er bewirkt alles in allen. [7]Jedem aber wird die Offenbarung des Geistes geschenkt, damit sie anderen nützt ... [11]... alles bewirkt ein und derselbe Geist; einem jeden teilt er seine besondere Gabe zu, wie er will.

Der Geist bewirkt einerseits die entscheidende Wesensveränderung, die mit der Taufe einhergeht, ist aber andererseits zugleich „Ernte" der Taufe, die sich in den einzelnen „Tauffrüchten" – nach dem Galaterbrief Liebe, Freude, Friede, Langmut, Freundlichkeit, Güte, Treue, Sanftmut und Selbstbeherrschung – entfaltet. Diese Früchte reifen dann optimal, wenn ein(e) jede(r) Getaufte(r) seinen (ihren) Platz innerhalb des *einen* Leibes Christi einnimmt

und den Geist so wirken lässt, dass die Gaben, die speziell ihm /
ihr geschenkt sind, lebendig wirken können.

Wir sind damit wieder am Ausgangspunkt unserer Überlegungen in diesem Kapitel angekommen. Lukas stellt in seinem Evangelium und der Apostelgeschichte besonders nachdrücklich dar, dass derselbe Geist, mit dem Jesus bei seiner Taufe getränkt wird, am Pfingstfest auch über diejenigen kommt, die ihm nachfolgen, über seine Gemeinde. Die Endzeit, das verheißene Reich Gottes ist angebrochen, in dem alle Menschen, ohne Ansehen der Person, zu Geistträgerinnen und Geistträgern berufen sind. Nun ist die Geisttaufe, die Johannes für die Zukunft angekündigt hat, Wirklichkeit geworden.

Der ursprüngliche Ritus, der innerhalb des Taufgottesdienstes die Geistverleihung ausgedrückt hat, dürfte die Auflegung der Hände gewesen sein. So heißt es in der Apostelgeschichte z. B. an einer markanten Stelle: Während seines Aufenthaltes in Ephesus begegnet Paulus einigen „Jüngern", die bereits mit der Taufe des Johannes getauft worden sind, aber noch nie etwas vom Heiligen Geist gehört haben. Paulus weist sie nun darauf hin, dass es eigentlich darum gehe, sich auf den Namen Jesu taufen zu lassen, denn auf diesen habe Johannes als den verwiesen, an den es zu glauben gelte. Daraufhin erfolgt die Taufe der Jünger:

Apg 19

[5]Als sie das hörten, ließen sie sich auf den Namen Jesu, des Herrn, taufen. [6]Paulus legte ihnen die Hände auf, und der Heilige Geist kam auf sie herab; sie redeten in Zungen und weissagten. [7]Es waren im ganzen ungefähr zwölf Männer.

Zungenrede – also geistgewirktes, ekstatisches Sprechen – und Weissagen sind zwei der Geistesgaben, die Paulus in 1 Kor 12 benennt. Hier sind die Zusammenhänge offensichtlich: Träger von Geistesgaben innerhalb der Gemeinschaft der Getauften wird man im Zeichen der Handauflegung.

In der Liturgie hat allerdings die Salbung mit Chrisam die Handauflegung abgelöst: Das Chrisam, ein kostbares Öl, drückt die besondere neue Stellung des Gesalbten aus. Im heute gebräuchlichen Deutewort, dass der Taufspender spricht, heißt es: „du bist Glied des Volkes Gottes und gehörst für immer Christus an, der gesalbt ist zum Priester, König und Propheten in Ewigkeit". Eindrucksvoll sind hier die oben behandelten Aspekte des Taufgeschehens nochmals dicht zusammengefasst: Der Getaufte ist mit Bezug auf seine Berufung als Ebenbild Gottes dazu gesandt, den Herrscherauftrag Gottes, wie er im ersten Schöpfungsbericht dokumentiert ist, gegenüber seiner Umwelt und den Menschen, die mit ihm unterwegs sind, auszuüben. Er soll Gottes Königtum, das dem Leben dienen will, mit den ihm geschenkten Mitteln Wirklichkeit werden lassen. Weiterhin ist der Getaufte in den priesterlichen Dienst hineingestellt. Dieser Dienst besteht vor allem im ungeteilten Lobpreis des Schöpfers, den die Getauften stellvertretend für die gesamte Schöpfung ausüben – auch für ihren sprachlosen Teil und für die von Gott abgewandten Menschen. Letztere Rolle hatte ja bereits Israel als priesterliches Volk eingenommen, und fortan ist dieses Volk endzeitlich ausgeweitet um die Glieder der Kirche aus allen Völkern (vgl. Ex 19,6; Jes 61,6; 1 Petr 2,9; Offb 1,6; 5,10). Außerdem trägt die Kirche die Fürbitte um die Vollendung der Welt und vor allem der Menschheit vor Gott: Dereinst möge die gesamte Schöpfung vereint sein im Lobpreis der Herrlichkeit Gottes. Diesen Dienst der Fürbitte leisten die Neugetauften nach alter Tradition, wenn sie erstmals als Vollmitglieder nach ihrer Taufe am Gemeindegottesdienst aktiv teilnehmen. Im Prophetenamt schließlich übernimmt der Getaufte die Aufgabe, Gottes Wort mit offenem Herzen aufzunehmen und dieses Wort in der Welt kraftvoll zu bezeugen. Der Prophet erkennt, wie die Welt wirklich ist, und vermag aus dieser Erkenntnis nach Gottes Willen zu handeln.

Die Praxis der Salbung kann sich – ebenso wie die der Handauflegung – auf neutestamentliche Bezüge stützen, wie etwa auf den Zweiten Korintherbrief (aber auch auf 1 Joh 2,20.27):

> **2 Kor 1**
>
> [21]Gott aber, der uns und euch in der Treue zu Christus gefestigt und der uns alle gesalbt hat, [22]er ist es auch, der uns sein Siegel aufgedrückt und als ersten Anteil (am verheißenen Heil) den Geist in unser Herz gegeben hat.

Später verknüpfen bestimmte Traditionen mit der Salbung bei der Taufe zum Teil auch Gedanken, wie sie oben aufgegriffen worden sind, etwa die Vorstellung von der Salbung mit Öl vom Paradiesbaum, die den neuen Menschen schafft. Allen diesen Ansätzen ist eines gemeinsam: In der Gabe des Geistes ist ein „Anteil", wörtlich: „Angeld" des Reiches Gottes geschenkt, mit dem der Beschenkte kreativ umgehen und seinerseits auf den Spuren Jesu Christi am Wachsen dieses Reiches mitwirken kann.

1.4 Ein Fazit

Nach dem Durchgang zentraler Texte der Bibel, die tauftheologisch relevant sind, und von denen her sich die wichtigsten Teilhandlungen innerhalb des heute bei uns gültigen Kindertaufritus erschlossen haben, können wir nun die Ergebnisse knapp in Merksätzen zusammenfassen:

In der Taufe wird der Mensch

- **mit seinem ganzen Leben unter das Zeichen des Kreuzes gestellt: Im Zeichen der Erlösung kann der Getaufte im Gericht Gottes bestehen;**

- **in das Christusereignis hineingenommen: Der Täufling stirbt symbolisch mit Jesus Christus und wird mit ihm auferweckt. Die Taufe beinhaltet in diesem Sinne bereits seine gesamte Existenz;**

- mit einem neuen Sein „bekleidet": Diese neue Existenz äußert sich seitens des Menschen im Bekenntnis des Glaubens an Jesus Christus, dass sich in der Nachfolge Jesu bewähren muss. Dieser Glaube ist ursprünglich Geschenk Gottes, der in der Hingabe seines Sohnes die umfassende und endgültige Versöhnung gewirkt hat;

- in die Gemeinschaft der Kirche eingegliedert: In der Feier der Eucharistie verwirklicht sich vorläufig, in sakramental verborgener Weise die Anteilgabe am gekreuzigten und auferstandenen Leib Jesu Christi und damit die neue Gesellschaft des Reiches Gottes, die keine sozialen, geschlechtlichen, kulturellen Schranken mehr kennt. Diese neue Gesellschaft muss sich von der Eucharistie aus soweit als möglich in alle menschlichen Lebensvollzüge hinein entfalten. Die Eucharistie sollte Ausdruck eines Lebens sein, das aus dem Glauben heraus gestaltet ist;

- mit Heiligem Geist getränkt bzw. gesalbt: Die Gaben des Geistes befähigen die Getauften dazu, auf ihre je eigene Weise Glied am Leib Christi zu sein und mit ihren Fähigkeiten am Reich Gottes mitzubauen. In diesem Sinne ist der Geist Gabe und Aufgabe Gottes für die Getauften.

Die folgenden Kapitel werden anhand einer ausgewählten Tradition beschreiben, wie dieses biblische „Urgestein" bearbeitet und umgestaltet worden ist, um damit die Taufliturgie „aufzuerbauen". Diese Überlegungen können an den Andeutungen anknüpfen, die schon zu einzelnen Handlungen innerhalb des Taufritus gemacht worden sind.

2 Die Taufe in der frühen Kirche

Der Erwachsenenkatechumenat als Modellfall für heute

2.1 Die Taufe in der frühen Kirche

Bevor wir uns die Feiern der Eingliederung zur Zeit der frühen Kirche im Einzelnen anschauen, sind zwei wichtige Punkte ins Gedächtnis zu rufen. Zum einen, dass die Taufe in frühchristlicher Zeit alles andere als selbstverständlich war. Sich taufen zu lassen, bedeutete vielmehr eine bewusste Entscheidung, die unter Umständen mit schwierigen persönlichen und sozialen Konsequenzen einherging, eine Entscheidung, die letztlich sogar zum Tod führen konnte, etwa in Zeiten der Christenverfolgung. Zum anderen müssen wir im Blick behalten, dass wir zunächst von der Taufe von Erwachsenen sprechen, denn der Taufe hatte die eigenverantwortlich getroffene Entscheidung des Täuflings vorauszugehen. Auf die Kindertaufe und damit zusammenhängende Fragestellungen geht das nachfolgende Kapitel ein.

- **Wie wurde man eigentlich zur Zeit der frühen Kirche Christ?**

- **Welche Konsequenzen ergaben sich aus der Entscheidung, Christ werden zu wollen?**

Taufe nach der Traditio Apostolica

Wir wollen uns die Feier der Initiation in der so genannten „Traditio Apostolica" [TA][3] anschauen. Es handelt sich hierbei um eine Gemeindeordnung, die um das Jahr 200 vermutlich in Rom entstanden ist (wobei in der Wissenschaft bezüglich des Entstehungsortes eine rege Diskussion herrscht, auf die wir hier aber nicht näher eingehen).

Der eigentlichen Feier der Eingliederung in die Kirche ist laut TA eine längere Phase der Vorbereitung vorgeschaltet: der so genannte Katechumenat. Der Name kommt vom griechischen *katechein* – entgegentönen bzw. unterrichten". In der ersten Bedeutung weist der Ausdruck darauf hin, dass den Taufbewerber/-innen in der Zeit ihrer Vorbereitung nach und nach die Botschaft des christlichen Glaubens immer klarer in Ohren und Herzen „ertönt"; die zweite Bedeutung „unterrichten" weist auf die Rolle derer hin, die die Bewerber/-innen auf ihrem Vorbereitungsweg begleiten. Zunächst müssen Menschen, die Glieder der christlichen Gemeinde werden wollen, aber überhaupt erst in den Kreis der so genannten Katechumenen aufgenommen werden. In TA 15–16 werden ausführlich die Eigenschaften jener aufgelistet, die sich darum bewerben, die Taufe zu empfangen. Dabei sind allerdings einige Berufsgruppen ausgeschlossen. Betroffen sind vor allem Tätigkeiten, die im weitesten Sinn mit heidnischem Götzendienst zu tun haben. Genannt werden etwa Zauberer, Sterndeuter und Wahrsager.

Interessant erscheint in diesem Zusammenhang der abschließende Kommentar in TA 16. Dort heißt es: „wenn wir irgendetwas ausgelassen haben [in der Aufzählung der Berufe, die nicht zugelassen werden/Vf.], werden die Tätigkeiten selbst euch lehren. Denn wir alle haben den Geist Gottes." Demnach gibt es Berufe, deren Ausübung zwar nicht grundsätzlich die Nichtzulassung

---

3 Traditio Apostolica. Apostolische Überlieferung. Übersetzt und eingeleitet von Wilhelm Geerlings. (Fontes Christiani 1). Freiburg 1991. Nachfolgend abgekürzt mit TA + Kapitelnummer.

zum Katechumenat zur Folge hat. Entsprechende Personen sind allerdings genauestens zu prüfen.

In diesen Fällen verweist der Verfasser auf das Lebenszeugnis der Kandidaten. Ihre Lebensführung soll der Gemeinde, die Trägerin des Heiligen Geistes ist, ein Urteil darüber ermöglichen, ob jene zuzulassen oder abzulehnen sind. Das Amt des Taufpaten in unserem heutigen Sinn kennt die TA übrigens noch nicht; sie betont vielmehr die Verantwortung der Gesamtgemeinde für die Bewerber/-innen, hebt allerdings auch besondere Rollen hervor. So ist schlicht die Rede von „denjenigen, die sie heranführen".

TA 19 geht auf den bereits erwähnten Umstand ein, dass ein Taufkandidat in (staatliche) Verfolgung geraten könnte:

TA 19

Wird ein Katechumene des Namens des Herrn wegen verhaftet, dann soll er nicht seines Zeugnisses wegen verzweifeln. Wird ihm nämlich Gewalt angetan und er wird getötet, so wird er gerechtfertigt werden, auch wenn ihm seine Sünden noch nicht nachgelassen sind. Denn er hat die Taufe in seinem Blut empfangen.

Hier zeigt sich die Tragweite der Entscheidung für die Taufe in der frühen Kirche, eine Entscheidung, die unter Umständen das Leben kosten konnte.

 Wie lange dauerte der Katechumenat, die Zeit der Vorbereitung auf die Taufe?

Die TA gibt eine maximale Katechumenatsdauer von drei Jahren an, wobei es sich hierbei wohl eher um einen Richtwert handelt. Wir können zwar bereits für die Abfassungszeit der TA von einem festen Tauftermin ausgehen: Die Taufe fand in der Osternacht statt, dem wichtigsten Gottesdienst des Jahres. Allerdings wird die Gemeinde, was die Länge der Katechumenatszeit angeht, von Fall zu Fall entschieden haben, denn es heißt in TA 17:

TA 17

Ist aber einer besonders eifrig und befleißigt er sich der Sache sehr, dann soll nicht die Zeitdauer, sondern allein die Lebensführung berücksichtigt werden.

? – **Wie ging es nach der Aufnahme in den Kreis der Taufbewerber weiter, und: Was mussten die Taufkandidaten während der Katechumenatszeit konkret lernen?**

– **Gab es spezielle Riten und liturgische Feiern für die Gruppe der Taufbewerber?**

Wahrscheinlich haben sich die Bewerber regelmäßig zur Vorbereitung in Gruppen getroffen. Die Leiter dieser Katechumenatsgruppen werden in der TA schlicht *„doctores"* (= Lehrer) genannt. Zu ihren Aufgaben gehörte neben dem Unterricht in Glaubensfragen auch die Unterweisung der Kandidaten in Angelegenheiten der Lebensführung. Sämtliche Treffen der Katechumenatsgruppen enden mit einem Gebet und der Handauflegung durch den Gruppenleiter. Dabei beten allerdings die Taufkandidaten und der Rest der Gemeinde getrennt, und die Taufkandidaten dürfen auch mit den restlichen Gemeindegliedern, den Getauften, noch nicht den Friedenskuss austauschen, denn, so heißt es in der TA 19, „Ihr Kuss ist noch nicht heilig."

Wenn die Taufkandidaten diese erste Phase des Katechumenats erfolgreich bestanden hatten, ihr Lebenswandel untadelig war und sie auch Fortschritte im Glauben aufweisen konnten, dann wurden sie in den Kreis der eigentlichen Taufbewerber aufgenommen. Diese Taufbewerber werden in der TA schlicht *„electi"* (= die Auserwählten) genannt. Erst, wenn die „Paten", die sie herbeigeführt haben, auch bestätigen können, dass die Taufbewerber in allen Lebensbereichen einen tadellosen Wandel aufweisen, werden sie zugelassen, das Evangelium zu hören (TA 20).

Über die Inhalte des Unterrichts während der Katechumenats-zeit wissen wir nur wenig, aber die Ausgestaltung der liturgischen Feiern der Zulassung und der Feier der Eingliederung selbst lassen entsprechende Rückschlüsse zu.

In der unmittelbaren Phase der Vorbereitung auf den Empfang der Sakramente der Initiation scheinen so genannte „Exorzismen" eine ganz zentrale Rolle gespielt zu haben. Dies sind Gebete zur Befreiung vom Bösen. Die Exorzismen werden von Gemeinde-gliedern über die Taufkandidaten gesprochen, verbunden mit dem Zeichen der Handauflegung.

In die unmittelbare Vorbereitungszeit vor der Taufe fällt weiterhin die so genannte Feier der Übergabe (*traditio*) und Rückgabe (*redditio*) des Glaubensbekenntnisses: Unter der *redditio* ist die Wiedergabe, also eine Art auswendiges Aufsagen der Inhalte, zu verstehen. Im Rahmen der Glaubensschule des Katechumenats sind derartige Glaubensprüfungen, die auch *Skrutinien* genannt werden, eingebettet. Den Taufbewerbern wurde an einem der letzten Sonntage vor Ostern, es handelt sich nach unserer Zählung um den 3. bis 5. Fastensonntag, im Rahmen dieser Skrutinien das Glaubensbekenntnis und – so zumindest in Rom, Nordafrika, aber wohl nicht in Mailand – das Vaterunser „überreicht", d. h. vorgesprochen und erklärt. Damit bekommt die Unterweisung im christlichen Glauben, bislang Aufgabe der Katecheten, nun einen offiziellen, liturgischen Rahmen, was ihre Bedeutung unterstreicht. Daraus kann geschlossen werden, dass die über-lieferte Formulierung des Glaubensbekenntnisses im Kontext der Taufvorbereitung entstanden ist: Unser Apostolisches Glaubens-bekenntnis, das „Credo", ist vom Ursprung her ein Taufbekennt-nis.

Am Samstag vor dem Tauftag schließlich, also an unserem heutigen Karsamstag, versammeln sich die Taufkandidaten noch einmal um den Bischof. Denn den letzten, wichtigsten Exorzismus in unmittelbarer Nähe zur Taufe in der Osternacht vollzieht der Bischof selbst, wobei TA 20 noch einmal deutlich betont, dass selbst zu diesem Zeitpunkt eine Ablehnung der Taufbewerber noch möglich wäre:

TA 20

> Wenn jemand nicht gut oder nicht rein ist, soll man ihn wegschicken, weil er das Wort nicht gläubig gehört hat. Denn es ist unmöglich, dass ein Fremder [= ein Dämon/Vf.] sich auf Dauer verbirgt.

Die Bewerber knien betend vor dem Bischof, und dieser beschwört in einem besonders feierlichen Exorzismus die fremden Dämonen, die Taufkandidaten zu verlassen. Der Bischof haucht sie schließlich an und bekreuzigt alle Sinne bzw. die entsprechenden Organe: die Stirn, die Ohren und die Nase (vgl. TA 20). Die weitere Nacht sollen die Taufkandidaten bis zum Morgen, dem Zeitpunkt der Feier, wachend verbringen.

? – **Wann findet die eigentliche Taufe statt?**

– **Wie ist der rituelle Ablauf der Eingliederungsfeier?**

Zum Zeitpunkt des ersten Hahnenschreies spricht der Bischof ein großes Gebet über das Wasser (vgl. dazu unten Kap. 3). Anschließend spricht er das Danksagungsgebet über das „Öl der Danksagung" und einen Exorzismus über das „Öl des Exorzismus". Zwei Diakone stellen sich dann rechts und links eines Presbyters auf: Der Diakon zur Linken hält das Öl der Danksagung, der Diakon zur Rechten das Öl des Exorzismus. Die Täuflinge treten dann einzeln vor den Presbyter, und dieser fordert sie auf, dem Satan zu widersagen. Nachdem alle Täuflinge dem Satan abgeschworen haben, salbt sie der Presbyter mit dem Öl des Exorzismus.

Die unbekleideten Täuflinge werden vom Presbyter an den Bischof übergeben, der am Taufwasser steht. Das Wasser ist wahrscheinlich in einem recht tiefen Taufbecken, das in den Boden eingelassen ist, gesammelt. Der Täufling steigt daraufhin mit einem Diakon in das Taufwasser, wobei der taufende Bischof ihn insgesamt dreimal nach seinem Glauben fragt: „Glaubst du an

Gott den Allmächtigen Vater?" Der Täufling antwortet mit: „Ich glaube", und der Taufende taucht ihn mit der Hand unter und tauft ihn zum ersten Mal. Dann fragt der Bischof: „Glaubst du an Christus Jesus, den Sohn Gottes, der geboren ist vom Heiligen Geist aus der Jungfrau Maria, der unter Pontius Pilatus gekreuzigt wurde, gestorben und am dritten Tag lebend von den Toten auferstanden und zum Himmel aufgestiegen ist, zur Rechten des Vaters sitzt, der kommen wird zu richten die Lebenden und die Toten?" Und wieder wird der Täufling, nach der Antwort: „Ich glaube", getauft; schließlich auch ein drittes Mal nach der Frage: „Glaubst du an den Heiligen Geist, in der heiligen Kirche?", und der Antwort: „Ich glaube".

Sobald der Täufling dem Wasser entstiegen ist, wird er vom Presbyter mit dem Öl der Danksagung gesalbt. Nach dem Abtrocknen und Ankleiden ziehen alle Neugetauften vom Ort der Taufe in die Kirche, wo sie der Bischof empfängt. Er spricht zunächst unter Handauflegung das Gebet zur Besiegelung der Taufe:

TA 21

Herr, Gott, du hast sie gewürdigt durch das Bad der Wiedergeburt des Heiligen Geistes die Vergebung der Sünden zu erlangen, mache sie auch würdig mit Heiligem Geist erfüllt zu werden. Sende in sie deine Gnade, damit sie dir nach deinem Willen dienen. Denn dein ist die Herrlichkeit, Vater und Sohn mit dem Heiligen Geist in der heiligen Kirche, jetzt und von Ewigkeit zu Ewigkeit. Amen.

Dieses Gebet ist in verschiedener Hinsicht sehr bedeutsam: Es thematisiert mit Bezug auf Joh 3,5 die Taufe als Bad der Wiedergeburt (vgl. Kap. 1, 39). Erst die Vergebung der Sünden, die im Bad der Wiedergeburt geschenkt wird, ermächtigt zu der Bitte, welche die Gabe des Heiligen Geistes erfleht, aber auch die Gnade, nach Gottes Willen zu leben.

Anschließend bezeichnet der Bischof die Neugetauften auf

der Stirn mit dem Kreuzzeichen, wozu er das Öl der Danksagung verwendet, und spricht dazu die Worte: „Ich salbe dich mit dem heiligen Öl in Gott, dem allmächtigen Vater, in Christus Jesus und im Heiligen Geist".

Dann tauscht er mit dem Neugetauften zum ersten Mal den Friedenskuss. Diese Besiegelung der Neugetauften durch den Bischof ist ein wichtiges Zeichen, denn es schließt die eigentliche Initation ab und leitet über zu den Fürbitten, dem Allgemeinen Gebet, in dem die ganze Gemeinde ihren priesterlichen Dienst für die ganze Welt versieht (vgl. oben Kap. 1, 45): Endlich dürfen die Neugetauften zum ersten Mal mit der ganzen Gemeinde beten und anschließend mit den übrigen Gemeindemitgliedern ebenfalls den Friedenskuss austauschen.

Nun dürfen die Neugetauften erstmals zur Feier der Eucharistie hinzutreten, zu der sie eingeladen sind. Speziell bei dieser Tauf-Eucharistie wird neben Brot und Wein auch ein Kelch mit Milch und Honig zum Altar gebracht. Dieser ist laut TA ein Zeichen, das an die große Verheißung an die Väter erinnert, gemäß der den Israeliten, die aus Ägypten befreit worden sind, ein Land geschenkt werden soll, in dem Milch und Honig fließen (vgl. oben Kap. 1, 20–21).

Die Feier der Initiation zeichnet sich in der Traditio Apostolica durch äußerst sprechende und eindrucksvolle Zeichen- und Symbolhandlungen aus.

Für einen Christen zur Zeit der frühen Kirche war sicherlich der eigene Taufgottesdienst einer der bewegendsten und eindrucksvollsten gottesdienstlichen Momente seines Lebens.

Für unsere Zeit stellt sich damit die Frage, wie auch wir die Zeichen und Symbole der Liturgie für uns so „zum Sprechen" bringen können:

Das Taufbad in den Chaosmächten des Wassers als Zeichen des Mitsterbens und Mitauferstehens mit Jesus Christus (Röm 6) ist kaum erfahrbar, wenn heute die

Taufe in einem kaum wahrnehmbaren Benetzen der Stirn des Säuglings mit ein paar Wassertropfen besteht.

Die Salbung mit dem Heiligen Geist mit dem wohlriechenden Chrisamöl zum Priester, Propheten und König muss in ihrer Zeichenhaftigkeit nicht relativiert werden, indem das Öl sofort nach der Salbung wieder mit einem Wattebausch abgewischt wird.

- Wie ging es nach der Feier der Initiation weiter?

- Was geschah dann mit den Neugetauften?

Nach der Schilderung des Kommunionritus, der uns hier nicht weiter zu interessieren braucht, beschließt der Verfasser der TA seine Ausführungen zur Taufe mit folgenden Worten:

TA 21

Wenn alles beendet ist, soll sich jeder bemühen, gute Werke zu tun, Gott zu gefallen, sich eines guten Lebenswandels zu befleißigen, voll Eifer sich an die Kirche zu halten, das zu tun, was er gelernt hat, und in der Frömmigkeit voranzuschreiten.

Wir wissen von den liturgischen Quellen her leider nicht, ob es auch in der römischen Liturgie um das Jahr 200 n. Chr. so genannte „Mystagogische Katechesen" gegeben hat. Dies sind Katechesen für die Neugetauften, in denen in der unmittelbaren Zeit nach Ostern noch einmal das Taufgeschehen erklärt und erläutert wird. Diese Katechesen sind deshalb so bedeutsam, weil wir aus diesen Texten für die Taufpraxis an den Orten, an denen sie erhalten geblieben sind (z. B. Antiochien und Jerusalem), wichtige Rückschlüsse ziehen können.

Man wird jedoch (für die stadtrömische Liturgie) festhalten

können, dass die jährliche Feier der Eingliederung in die Kirche für Täuflinge wie alle Mitfeiernden in jedem Fall ein äußerst intensives Erlebnis gewesen ist, ein großes Fest für die gesamte christliche Ortsgemeinde. Deshalb ist nicht auszuschließen, dass auch in der Gemeinde der TA die wichtigsten Elemente der gefeierten Liturgie vor der eigentlichen Feier der Eingliederung in der Form von Taufkatechesen vermittelt und danach durch mystagogische Katechesen vertieft wurden. Gerade, weil die Feier der Initiation in einer Intensität begangen wurde, wie sie uns heute vielleicht verwundern mag, erscheint eine nachträgliche mystagogische Erschließung dringend notwendig; nur auf diese Weise lassen sich die vielfältigen Eindrücke und Erfahrungen nachhaltig bewahren. Werfen wir deshalb einen Blick in ein berühmtes Beispiel solcher Katechesen, in die mystagogischen Auslegungen, die uns von Johannes Chrysostomus überliefert sind.

Taufe nach den Mystagogischen Katechesen des Johannes Chrysostomus

? – **Wie erklärt Johannes Chrysostomus die Taufe?**

– **Welche Konsequenzen ergeben sich nach Johannes Chrysostomus aus der Taufe?**

Die Taufkatechesen des Johannes Chrysostomus wurden zwischen 386–397 n. Chr. in Antiochia gehalten. Die praktischen und theologischen Konsequenzen, die sich für den Getauften aus seinem Getauftsein ergeben, sind in diesen Katechesen in plastischen Bildern gezeichnet. In den Katechesen findet sich hinsichtlich der konkreten Ausgestaltung der Taufriten ein gewisser Reichtum an liturgischen Formen. Chrysostomus unterscheidet nicht nur zwischen Kinder- und Erwachsenentaufe (cat 2/4,6); er kennt als eine Art „dritten Weg" zur christlichen Initiation noch die Praxis der Taufbewerber, die ihre Taufe bis zum Sterbebett aufschieben (cat. 2/1,3–5). Der gängige Initiationstermin war zwar Ostern, konkreter: die Feier der Osternacht, Sterbende konnten jedoch jederzeit die Taufe empfangen (cat. 2/2,3–5).

Jene, die getauft werden wollen, müssen sich sowohl der Glaubenslehre gewiss sein als auch der Verpflichtungen, die sich aus dieser Lehre ergeben. Chrysostomus entfaltet in den Katechesen den Glauben an den dreieinigen Gott (cat. 3/1,19–23), wobei er eindrücklich vor den großen häretischen Strömungen, der Zeit warnt, wie etwa dem Arianismus (cat. 3/1,22). Die Verpflichtungen, die sich aus dem Glauben ergeben, sind vielfältig: Auf der einen Seite nennt Chrysostomus eine ganze Liste von Sünden, die es zu vermeiden gilt (cat. 3/1,25), auf der anderen Seite betont er, dass das „Joch Christi" leicht sei (cat. 3/1,27–29): Der Herr verlange von den Getauften „nichts Schweres", nur dass sie „gütig und von Herzen demütig" seien (vgl. Mt 11,29).

Aus dieser gütigen und demütigen Grundhaltung der Getauften heraus, in der diese freilich – so Chrysostomus – nichts anderes tun, als den Herrn selbst nachzuahmen, erläutert er anhand von Regeln den demütigen und mildtätigen Umgang mit Ärger, Neid, Diebstahl, Eitelkeit (seltsamerweise nur bei Frauen: cat. 3/1,34–38) und anderen Verfehlungen. Das Ziel ist hierbei klar vor Augen: Es gilt, die „unendliche Menschenfreundlichkeit des Herrn" nachzuahmen (cat. 3/1,30–38).

Trotz aller Nachsicht gegenüber dem gesellschaftlichen Umfeld sind falsche religiöse Praktiken, die noch weithin ausgeübt wurden, zu vermeiden, um nicht im heidnischen Aberglauben gefangen zu bleiben. Chrysostomus betont, man solle diese Verfehlungen nicht als Kleinigkeiten abtun, die Taufkandidaten seien schließlich „Soldaten Christi", und zwar: „Männer und Frauen – im Heer Christi gibt es nämlich keinen Unterschied des Geschlechts" (cat. 3/1,40). Diese Soldaten haben sich zu wappnen, sich vorzubereiten auf die Ankunft des „Königs des Alls" und sollen ihr Denken reinigen. Auch ist die Eidesleistung zu unterlassen, ebenso die Teilnahme an Spielen im Amphitheater – die aufgelisteten Beispiele sind Pferderennen und Gladiatorenkämpfe (3/1,43). Und er ermahnt seine Zuhörer: „Entflieht also all den bösen Verlockungen des Teufels! Zieht nichts dem Besuch der Kirche vor! Mit Hilfe der Enthaltung von Speisen und

dem Bösen werdet ihr große Lust zur Tugend bekommen!"
(cat. 3/1,46).

Neben diesen ethischen Unterweisungen werden die Taufbewerber auch über die verschiedenen liturgischen Riten, die
an ihnen vollzogen werden, unterrichtet. So werden etwa die
Exorzismen erläutert als Reinigung von Geist und Seele
(cat. 3/2,12); gegenüber der Gefangenschaft durch den Teufel
wird erneut das Joch Christi als leicht hervorgehoben, wenn auch
der durch die Heiligung der Taufe bewirkte Herrschaftswechsel
nicht hoch genug einzuschätzen ist (cat. 3/2,14; vgl. dazu oben
Kap. 1, 40).

**– Wie erfolgt bei Chrysostomus die Feier der Taufe
selbst?**

**– Wie erklärt er jene rituellen Elemente der liturgi-
schen Feier, die wir auch schon in der TA kennen
gelernt haben?**

In der Feier der Taufe selbst schwören die Katechumenen zunächst dem Satan ab und erklären: „Ich widersage dir, Satan,
deiner Pracht, deinem Dienst und deinen Werken" (cat. 3/2,20),
um darauf zu bekennen: „Und ich binde mich an dich, Christus"
(cat. 3/2,21). Auch den Zeitpunkt, zu dem diese Bekenntnisse abgelegt werden, deutet Chrysostomus mystagogisch: Es ist der
Karfreitag, um die neunte Stunde, also die Todesstunde Christi,
die Zeit der Unterscheidung: „Wenn ihr also zur neunten Stunde
in die Kirche hereingeführt werdet, dann erinnert euch an die
Größe der Heilsgüter und zählt die Gaben, die euch erwarten"
(cat. 2/3,4). Die Taufkandidaten werden dann sofort im Zeichen
des Kreuzes gesalbt, umso die „ganze Raserei des Teufels"
(cat. 2/3,7), dem sie zuvor abgeschworen hatten, abzuwehren.
Das Öl ist nach Chrysostomus eine Mischung aus Olivenöl und
Balsam: „Balsam für eine Braut, Olivenöl für einen Athleten."
(cat. 2/3,7).

Während der Feier der Osternacht werden die Katechumenen
zunächst entkleidet und ein zweites Mal am ganzen Körper ge-

salbt, „damit alle Glieder durch die Salbung geschützt und für die Geschosse des Feindes unverletzbar werden" (cat. 3/2,24). Interessant ist, wie Chrysostomus der natürlichen Scham bzgl. der Nacktheit begegnet: „Warum denn nackt? Das erinnert euch an die einstige Nacktheit, als ihr im Paradies wart und euch nicht schämtet. [...] Also schäme dich auch hier nicht, denn das Taufbecken ist viel besser als das Paradies." (cat. 2/3-8; vgl. oben Kap. 1, 37–41, zur Taufe als paradiesische Salbung).

Besonders eindrucksvoll aber ist die Art, wie Chrysostomus den eigentlichen Moment der Taufe beschreibt:

cat. 3/2,25–27

Nach dieser Salbung lässt der Priester euch in die heiligen Fluten hinabsteigen, wo er gleichzeitig den alten Menschen begräbt und den neuen, nach dem Bild seines Schöpfers, erneuert und auferweckt. Dann kommt durch die Worte des Priesters und seine Hand der Heilige Geist herab, und anstelle des früheren Menschen steigt ein anderer herauf, der jeden Makel der Sünden abgewaschen, das alte Gewand der Sünden abgelegt und das königliche Kleid angezogen hat. [...] Und damit du auch aus diesen Worten lernst, dass das Wesen des Vaters, des Sohnes und des Heiligen Geistes eines ist, wird die Taufe auf folgende Weise gespendet. Der Priester spricht: „Der und der wird getauft im Namen des Vaters und des Sohnes und des Heiligen Geistes", taucht dabei dreimal den Kopf des Täuflings ins Wasser und lässt ihn wieder auftauchen. [...] Denn nicht der Priester allein berührt den Kopf, sondern auch die Rechte Christi. Und das wird auch aus den Worten des Taufenden erkennbar: Er sagt nämlich nicht: „Ich taufe den und den", sondern: „Der und der wird getauft" und macht dadurch deutlich, dass er nur Diener der Gnade ist und seine Hand leiht, weil er dazu vom Geist eingesetzt ist. [...]

> Sobald sie nämlich aus jenen heiligen Fluten herauf-
> kommen, umarmen alle Anwesenden sie, begrüßen
> sie, küssen sie, freuen sich mit ihnen, dass sie, die
> vorher Sklaven und Gefangene waren, plötzlich Freie
> und Söhne und an den königlichen Tisch gerufen
> sind. Tatsächlich werden sie sogleich, nachdem sie aus
> dem Wasser gestiegen sind, an den ehrfurchtgebieten-
> den, mit unzähligen Gütern gedeckten Tisch geführt,
> kosten vom Leib und Blut des Herrn und werden eine
> Wohnstätte des Geistes.

So sollte nach Chrysostomus die Initiation gefeiert werden. Und die theologischen Leitgedanken, die ihm zur Interpretation der Taufliturgie dienen, sind jene, die uns auch schon in der Traditio Apostolica begegnet sind und die sich letztlich auf die zentralen Taufmotive der Heiligen Schrift zurückführen lassen: Taufe als Mitsterben und Mitauferstehen mit Christus (cat. 2/2,4 ff.; vgl. Röm 6), Taufe als Neuschöpfung (vgl. Joh 3,5), als Bad der Wie-dergeburt (cat. 2/1,12–15; vgl. Tit 3,5), Taufe als Begnadung durch den Heiligen Geist (cat. 3/2,10), Taufe als Eintauchung in Christus und Anziehen Christi als Gewand (cat. 2/1,8; vgl. Gal 3,27). Diese biblischen Motive wurden oben in Kapitel 1 ausführlich erläutert.

? Wie mussten sich die Neugetauften im Alltag bewähren?

Chrysostomus ist Seelsorger genug, um zu wissen, dass das, was bei der Feier der Taufe im Zeichen gefeiert wird, sich noch im All-tag des christlichen Lebens bewähren muss. Und wieder gelingt es ihm, dies in sprechenden Bildern auszudrücken, wenn er sagt: „Die Zeit vor der Taufe war noch wie ein Übungsplatz; über Nie-derlagen sah man hinweg. Vom heutigen Tag an steht euch das Stadion offen, der Wettkampf steht bevor, die Zuschauer sitzen auf den Rängen" (cat. 2/4,8). Und er fordert die Neugetauften zu hohem Engagement auf, das freilich mit rettendem Beistand rech-nen kann: „Bei den olympischen Spielen steht der Kampfrichter in der Mitte zwischen den Wettkämpfern; er ergreift für keinen der beiden Partei [...]. Doch beim Wettkampf zwischen uns und dem Teufel steht Christus nicht unparteiisch in der Mitte, sondern ist ganz auf unserer Seite" (cat. 2/4,9).

Eine wichtige Rolle spielt für Chrysostomus bei der Bewährung des Getauften im Alltag die Eucharistie: Von dieser sagt er: „[...] Hat Gott dich nur mit Waffen ausgerüstet? Nein, er hat dir auch ein Mahl bereitet, das mehr vermag als alle Waffen. So brauchst du nicht ermattet den Krieg zu führen, sondern kannst gestärkt den Bösen überwinden. Denn schon, wenn er dich nur vom Mahl des Herrn kommen sieht, flieht er in Windeseile, wie einer, der einen feuerspeienden Löwen sieht" (cat. 2/4,12). Die enge Verbindung von Taufe und Eucharistie verdeutlicht der Prediger auch durch die mystagogische Auslegung von Joh 19,33f: „Als Christus bereits tot war, aber noch am Kreuz hing, kam ein Soldat und stieß mit der Lanze in seine Seite, und sogleich flossen Wasser und Blut heraus: Das eine war Symbol für die Taufe, das andere für die Eucharistie. [...] Aus beiden entstand die Kirche: ,Durch das Bad der Wiedergeburt und der Erneuerung im Heiligen Geist' (Tit 3,5), durch Taufe und Eucharistie" (cat. 2/4,16).

Im Übrigen schätzt Chrysostomus die Bewährungsproben des Alltags durchaus nicht als eine geringe Herausforderung ein. Auch wenn er, wie wir schon gesehen haben, betont, dass das Joch leicht sei, bleibt es für ihn dennoch ein Joch (cat. 3/1,25 ff.). Eine der Folgen, die sich aus dem „Joch" der Taufe ergaben, war, dass die Anzahl derjenigen, die sich erst auf dem Sterbebett taufen ließen, immer mehr zunahm – ob aufgrund großer Sündenangst oder einer realistischen Einschätzung der eigenen Kräfte, bleibt indes ungewiss. Chrysostomus kann sich jedenfalls mit einer solchen „Spättaufe" nicht recht anfreunden, widerspricht sie doch all dem, was er in der weiter oben geschilderten, freilich idealtypischen Form der Feier der Initiation betont hat: „Dabei habe ich das Schlimmste noch gar nicht gesagt: Während die Angehörigen des Sterbenden in großer Eile die nötigen Vorkehrungen treffen, ist das Leben oft schon entwichen und hat den Körper entseelt zurückgelassen; [...] Denn wenn der Täufling die Anwesenden nicht mehr erkennt, [...], sondern wie ein Stück Holz oder Stein daliegt, sich in nichts von einem Toten unterscheidet, was nützt ihm dann in dieser vollständigen Bewusstlosigkeit die Taufe?" (cat. 2/1,5). Allein die Tatsache, dass der Sterbende oftmals anscheinend nicht einmal mehr in der Lage war, die Antwort auf die Tauffragen selbst zu sprechen, lässt Chrysostomus am Sinn einer solchen Taufe zweifeln, schließlich geht es um jene Worte, „[…] durch die er den heiligen Vertrag mit unserem gemeinsamen Herrn schließt" (cat. 2/1,5).

Dennoch bleibt auch diese liturgische Kümmerform der Taufe für Chrysostomus eine gültige Form. So betont er an anderer Stelle: „Wenn auch die Gnade die gleiche ist für euch und für die, die erst auf dem Sterbebett getauft werden, so ist doch weder die Entscheidung noch die Vorbereitung die gleiche" (cat. 2/1,3).

? **Wie steht Chrysostomus zur Taufe von Unmündigen, also etwa von Kindern bzw. Säuglingen, wenn für ihn die bewusste Entscheidung zum Glauben so zentral war?**

Chrysostomus argumentiert im Hinblick auf die Kindertaufe ähnlich pragmatisch wie bezüglich der Taufe auf dem Sterbebett. Lapidar merkt er an: „Deswegen taufen wir ja auch kleine Kinder, obgleich sie keine Sünden haben […]." Der theologische Ansatz des Chrysostomus ist dabei ein anderer als bei Origenes oder Augustinus, die über die Erbsünde, deren Verständnis hier eine wichtige Rolle spielt, heftige theologische Auseinandersetzungen führen. Chrysostomus denkt offensichtlich auch in diesem Fall eher liturgietheologisch und zugleich pastoral-pragmatisch; obwohl er davon überzeugt ist, dass Kinder ohne Sünde zur Welt kommen, liegen für ihn doch die Vorzüge der Taufe eines Kindes, das in einer gläubigen Familie aufwachsen wird, auf der Hand: „Die vor kurzem noch gefangen waren, sind nun frei und Bürger der Kirche. Die sich neulich noch in der Verworfenheit der Sünde befanden, leben nun in Zuversicht und Gerechtigkeit" (cat. 2/4,5). So sieht er das Ziel der Kindertaufe darin, dass die Täuflinge „[…] geheiligt und gerecht gemacht werden, damit sie die Sohnschaft und das Erbe erhalten, damit sie Brüder und Glieder Christi wer-

den, und der Heilige Geist in ihnen Wohnung nimmt" (cat. 2/4,6).
Die Tatsache jedenfalls, dass Kinder nicht in der Lage sind, selbst
dem Satan abzuschwören und die Tauffragen zu beantworten, war
für Chrysostomus kein Grund, ihnen die Taufe zu verweigern,
denn ähnliche Umstände konnten ja teilweise auch, wie wir gesehen hatten, beim Taufaufschub bis zum Totenbett auftreten.

Fazit

Beenden wir hier die Durchsicht der Taufkatechesen und mystagogischen Katechesen des Johannes Chrysostomus, aus denen
sich im Hinblick auf die Frage, wie in der frühen Kirche die Taufe
gefeiert und theologisch gedeutet wurde, folgende Punkte festhalten lassen:

**Sowohl die Taufkatechesen, die zur Feier der christ-
lichen Initiation hinführten, als auch die mystagogischen Katechesen, die das Erlebnis der gefeierten
Liturgie noch einmal reflektierten und somit vertieften, zeichnen sich durch eine – selbst für heutige
Verhältnisse – lebendige Sprache aus.**

**Sind auch die lebensnah gewählten Beispiele, mit
denen das Glaubensleben mit dem Alltag verbunden
wurde, der damaligen konkreten Umwelt entnommen,
so wirken sie doch in ihrer Unmittelbarkeit und Ver-
ständlichkeit (Olympische Spiele, Schiedsrichter, etc.)
erstaunlich zeitlos.**

**Die Aufgabe der Katechese, die Inhalte des Glaubens
anhand der konkreten liturgischen Feier der Initiation
zu vermitteln, war klar umrissen. Die Ermahnung der
Taufbewerber bzw. der Neugetauften gipfelte darin,
das Andenken an die eigene Taufe zu bewahren und
ein Leben zu führen, das dieser Taufberufung entsprach: „All dessen wollen wir immer eingedenk sein**

und es das ganze Leben hindurch beachten: die Bindung an Christus, die Absage an den Satan, die Zuversicht, die uns der Herr schenkt" (cat. 2/3,10).

Die Feier der Liturgie und ein Leben, das dieser Feier entsprach, gehörten aufs Engste zusammen.

Aus den Überlegungen dieses Kapitels ergibt sich insgesamt für die Taufpraxis der frühen Kirche:

Die zentralen Fragen, die die frühe Kirche im Hinblick auf die Taufe bewegten, waren: Wie wird man überhaupt Christ? Wie wird man Mitglied einer christlichen Gemeinde? Welche Auswirkungen hat dies für das Leben des einzelnen, der zum Glauben gekommen ist und sich entscheidet, Christ zu werden?

Die Entwicklung des Katechumenats und einer entfalteten Feier der christlichen Initiation geben Antworten auf diese grundlegenden Fragen, die das Selbstverständnis und die Identitätsbildung der frühen Kirche betreffen:

– Im Hinblick auf die Feier der Initiation selbst ist festzuhalten: Die entfalteten liturgischen Riten mit ihrer mehrjährigen Vorbereitungzeit des Katechumenats sind der eine liturgische Ort, an dem sich Taufbewusstsein bildet. Dabei ist im Hinblick auf die Feier der Initiation in der Osternacht festzuhalten, dass diese Feier für den Christen zur Zeit der frühen Kirche sicherlich der zentralste, wichtigste und auch eindrucksvollste Gottesdienst seines Lebens war. Die große Anzahl an mystagogischen Katechesen, die uns überliefert ist, zeigt aber auch, wie intensiv diese liturgische Feier vor- und (!) nachbereitet wurde. Zu unterschätzen ist ebenfalls nicht, wie eindrücklich die gefeierte Liturgie der

Initiation nicht nur auf die Taufkandidaten gewirkt haben muss, sondern auch auf die bereits getauften Gemeindemitglieder, die allesamt involviert waren: Hätte man einen Christen zu dieser Zeit gefragt, was der zentrale christliche Gottesdienst ist, so hätte er wahrscheinlich gesagt: „Die Feier der Taufe"! Und er hätte nicht – wie wir es vielleicht erwarten würden – von der Feier des Brotbrechens, der Eucharistie, am Sonntag gesprochen.

– Der zweite liturgische Brennpunkt ist die Feier der Eucharistie: Schon in der einen Liturgie der christlichen Initiation, der Eingliederung – bestehend aus Taufbad, Besiegelung und Taufeucharistie – wird die enge Verbindung zwischen Taufe und Eucharistie deutlich. In der Eucharistie wird jener Leib des Herrn zur Stärkung empfangen, dem sich die Getauften seit ihrer Eingliederung in denselben in der Feier der Taufe zugehörig wussten.

Dabei war im lateinischen Westen wie im griechischen Osten die Feier der Eucharistie der liturgische Ort der Taufkatechesen, wobei die Taufkandidaten, so berichtet z. B. Ambrosius von Mailand, bevor sie die Taufe empfangen hatten, nur bis zum Ende des Wortgottesdienstes an der Eucharistie teilnahmen, weil sie die Bedeutung des eucharistischen Teils der Liturgie noch nicht verstanden.

Für die Eucharistiefeiern in der Osteroktav, in denen die mystagogischen Katechesen ihren liturgischen Ort hatten, gab es sogar zwei Messformulare pro Tag. In diesen Eucharistiefeiern wurde somit besonders intensiv der in der Osternacht empfangenen Taufe gedacht. Im Ambrosianischen Ritus der Kirche von Mailand tragen diese Messformulare den Titel *„pro baptizatis* – für die Getauften"*, und sind dort bis heute erhalten.

Auch die Bedeutung der weißen Taufkleider, die die Neugetauften die gesamte Woche über in der Gemeinde trugen, ist nicht zu unterschätzen. Schließlich gaben diese der gesamten

Woche und speziell dem Sonntag nach Ostern den Namen: *„in albis* – in weißen Taufkleidern" – deshalb nennen wir bis heute den ersten Sonntag nach Ostern den „Weißen Sonntag". Dabei kam diesem Oktavtag des Osterfestes eine besondere Bedeutung zu: Der achte Tag vervollständigte die einwöchige Feier des Ostertages und damit auch die Feier der Eingliederung, was auch im Ablegen der weißen Taufkleider sichtbar wurde.

So lassen sich abschließend folgende Punkte zur Taufe in der frühen Kirche festhalten:

– **Die Mitgliedschaft in der Gemeinde ist zur Zeit der frühen Kirche keineswegs selbstverständlich. Sie ist mit einer bewussten Entscheidung verbunden, aus der eine unter Umständen mehrjährige Vorbereitungszeit erwächst.**

– **Die Zeit der Vorbereitung auf die Initiation wird Katechumenat genannt. In dieser Zeit bereiten sich die Taufkandidaten intensiv auf die eigentliche Feier der Eingliederung vor, was sich auch in bestimmten liturgischen Feiern ausdrückt: in Exorzismen (Gebete um Befreiung vom Bösen) und in den Feiern der Übergabe von Vaterunser und Glaubensbekenntnis.**

– **Der Termin der Feier der Initiation ist Ostern, genauer: die Feier der Ostervigil/der Osternacht.**

– **Die liturgische Feier der einen Initiation besteht aus drei zentralen liturgischen Zeichenhandlungen: der Wassertaufe, der Besiegelung (durch den Bischof), der Tauf-Eucharistie.**

– **Die Feier der Initiation wird nicht nur intensiv vorbereitet, sie wird durch die so genannten mystagogischen Katechesen auch ebenso intensiv nachbereitet, vertieft, erklärt und gedeutet.**

- In die Feier der Initiation sind nicht nur die Taufkandidaten, sondern die gesamte Gemeinde intensiv miteinbezogen. Somit wird die Mitfeier der Taufe
anderer auch zu einem Ort, über das eigene Taufbewusstsein nachzudenken und dieses zu vertiefen.

2.2 Der Erwachsenenkatechumenat heute

 Gibt es auch heute einen Katechumenat?

Das Zweite Vatikanische Konzil setzt genau bei der Feier der Taufe
in der frühen Kirche an und erneuert den Katechumenat für Erwachsene. Dabei stellt die Liturgiekonstitution „Sacrosanctum
Concilium" in Art. 64 zunächst nur lapidar fest: „Ein mehrstufi-
ger Katechumemenat für Erwachsene soll wiederhergestellt und
nach dem Urteil des Ortsordinarius eingeführt werden." Im Missionsdekret „Ad gentes" [AG] heißt es in Art. 14 schon ausführ-
licher:

 Ad gentes, Art. 14

Wer den Glauben an Christus von Gott durch die
Kirche empfangen hat, soll durch liturgische Zere-
monien zum Katechumenat zugelassen werden. Dieses besteht nicht in einer bloßen Erläuterung von Lehren und Geboten, sondern in der Einführung und
genügend langen Einübung im ganzen christlichen
Leben, wodurch die Jünger mit Christus, ihrem Meis-
ter, verbunden werden. Die Katechumenen müssen
also in passender Weise in das Geheimnis des Heils
eingeweiht werden; durch die Übung eines Lebenswandels nach dem Evangelium und durch eine Folge
von heiligen Riten soll man sie stufenweise in das
Leben des Glaubens, der Liturgie und der liebenden
Gemeinschaft des Gottesvolkes einführen. Endlich

> werden sie durch die Sakramente der christlichen Initiation von der Macht der Finsternis befreit; mit Christus sterben sie, werden sie begraben und erstehen sie; sie empfangen den Geist der Kindschaft und feiern das Gedächtnis des Todes und der Auferstehung des Herrn mit dem ganzen Gottesvolk. Es ist zu wünschen, dass die Fasten- und Osterliturgie so erneuert werde, dass sie die Katechumenen zur Feier des österlichen Geheimnisses bereitet, bei deren festlicher Begehung sie durch die Taufe für Christus wiedergeboren werden.

Welche pastoralliturgische Initialzündung von diesen Sätzen des Konzils ausging, kann wohl selbst heute – 40 Jahre nach Veröffentlichung der Liturgiekonstitution – noch kaum vollständig ermessen werden. Im Jahr 1972 erschien der „Ordo Initiationis Christianae Adultorum" [OICA], der besonders schnell ins Englische übertragen wurde: „The Rite of Christian Initiation of Adults" [RCIA].

Seit dem Jahr 1975 lag nur eine direkte deutschsprachige Übertragung des lat. Rituale, des OICA vor, die allerdings keine Anpassungen an die spezifische Situation in den deutschsprachigen Gebieten vor Ort vornahm. Seit dem Jahr 2001 gibt es die revidierte deutschsprachige Fassung als so genannte „Manuskriptausgabe" mit dem Titel: „Die Feier der Eingliederung Erwachsener in die Kirche".[4]

---

4 Allerdings ist an dieser Stelle anzumerken, dass eine „Manuskriptausgabe" ein Novum darstellt. Offensichtlich war es (noch) nicht möglich, eine neue – durch Rom approbierte – Studienausgabe vorzulegen, weshalb man sich für diese Form in der Verantwortung der deutschsprachigen Liturgischen Institute und der IAG entschieden hat. Die Vorbereitungsgruppe sieht diese Manuskriptausgabe „[...] als Vorarbeit für eine endgültige Ausgabe [...], die dann auch von Rom her konfirmiert werden kann." In: Ball, Matthias. Die Feier der Eingliederung Erwachsener. Zeitgemäß – adressatengerecht – benutzerfreundlich. In: Heiliger Dienst 56 (2003), 154–164, hier: 158.

Wie ist der neue Ritus für Katechumenat und Erwachsenentaufe in der Praxis aufgenommen worden?

Ist die Frage des Erwachsenenkatechumenats in Westeuropa zunächst sehr verhalten aufgenommen worden und hat sie im Gebiet der Bundesrepublik Deutschland erst seit der Wende von 1989 eine ganz neue pastorale Dynamik erfahren, so war die Erneuerung des Erwachsenenkatechumenats in anderen Ortskirchen aufgrund veränderter soziologischer Gegebenheiten unmittelbar nach dem Konzil aufgegriffen worden. Die entsprechenden Entwicklungen haben sowohl die Taufpastoral als auch die Liturgie der Kirchen vor Ort insgesamt geprägt. So wird in den USA die Erneuerung des Erwachsenenkatechumenats als wichtigster Schritt der Liturgiereform des II. Vatikanischen Konzils angesehen. Und der amerikanische Theologe Aidan Kavanagh, einer der theologischen Väter der „Erfolgsstory", die sich auf den RCIA in den Vereinigten Staaten gründet, unterstreicht ausdrücklich die Bedeutung der konziliaren Reform des Erwachsenenkatechumenats und der Erwachsenentaufe und bezeichnet diesen sogar als das reifste Dokument der Liturgiereform des Zweiten Vatikanischen Konzils. Kavanagh vertritt die Meinung, dieses sei für künftige theologische Reflexion und Liturgiepastoral das weitaus bedeutsamste Dokument.[5]

Da sich auch in der Bundesrepublik Deutschland immer mehr Menschen erst als Erwachsene taufen lassen, und damit die Anzahl der Gemeinden, die bereits über Erfahrungen mit dem Erwachsenenkatechumenat verfügen, stetig zunimmt, kann die Bedeutung des erneuerten Erwachsenenkatechumenats nicht hoch genug eingeschätzt werden: Der Katechumenat wird dort zum Lernort einer katechumenalen, also einer an Glaubensprozessen und den jeweiligen religiösen Biografien orientierten Pastoral.

Ist der erneuerte Erwachsenenkatechumenat mit dem Weg vergleichbar, den wir in der frühen Kirche kennen gelernt haben?

5 Kavanagh, Aidan. Christliche Initiation in der nachkonziliaren katholischen Kirche. In: LJ 28 (1978), 1–10, hier: 8.

Durchaus: Zur Feiergestalt des Erwachsenenkatechumenats ist zunächst festzuhalten, dass die eigentliche Feier aller drei Initiationssakramente in der einen Feier der Ostervigil stattfindet. Sie wird durch die Katechumenatszeit intensiv katechetisch vorbereitet und kann durch mystagogische Vertiefung der gefeierten Liturgie nachbereitet werden. Für den Erwachsenenkatechumenat und die Erwachseneninitiation ergibt sich demnach folgender Ablauf:

Präkatechumenat	entferntere Vorbereitung	nähere Vorbereitung	Mystagogie
Zeitraum offen	ca. 1 Jahr	Österliche Bußzeit	Zeitraum offen
	Gebete um Befreiung / Übergabe von Credo und Vaterunser	Feier der Skrutinien	
Feier der Aufnahme in den Katechumenat?	Feier der Zulassung zur Taufe?	Feier der Initiation Taufe, Firmung, Eucharistie	

Zur Feiergestalt lassen sich dabei folgende Punkte als zentral festhalten:

Die Feier der Initiation von Erwachsenen ist zunächst von prägender und wichtiger Bedeutung für die Gemeinde, in der diese geschieht. Auch die bereits initiierten Gemeindemitglieder nehmen an den Riten des Katechumenats und den Feiern der Eingliederung teil; sie erfahren und überdenken so den eigenen Initiationsprozess neu.

Von den Katechumenatsriten sind besonders die Feiern der Übergabe von Vaterunser und Glaubensbekenntnis hervorzuheben. Gerade die deutliche Verortung dieser zentralen Glaubenstexte im Rahmen der Taufvorbereitung und der Taufe selbst fördert das Taufbewusstsein aller, die an diesen liturgischen Feiern teilnehmen. Dass das Glaubensbekenntnis unmittelbar vor der

Feier der Taufe im Angesicht der Gemeinde vom Täufling erfragt und von diesem als sein eigener Glaube bekannt wird, bezeugt deutlich eine christliche Identität, die aus dem Taufglauben lebt.

Zentral für die Feier der Eingliederung selbst ist zunächst, dass alle drei Initiationssakramente wieder in ein und derselben Feier vollzogen und gefeiert werden, und dass dies am frühkirchlichen Tauftermin geschieht: in der Ostervigil. Die zyklische, alljährliche Wiederkehr des Erwachsenenkatechumenats und seine enge Hinordnung auf die Feier des Jahrespascha an Ostern verdeutlichen zudem den Wegcharakter eines Lebens in der Nachfolge Jesu.

Dabei wird die Initiation deutlich begreifbar als ein lebenslanger Prozess, der innerweltlich niemals abgeschlossen werden kann, ein Prozess des Hineinwachsens in den Leib Christi, in die Kirche. Die am 3. bis 5. Fastensonntag abgehaltenen Taufskrutinien betonen zudem durch die so genannten Taufperikopen, die dem Johannes-Evangelium entnommen sind, den Charakter der Taufe als Akt der Glaubensentscheidung, der der Taufe vorausgeht. Sie leiten die bereits Initiierten dazu an, diese Entscheidung immer neu zu bedenken, um schließlich in der Feier der Ostervigil die Erneuerung des eigenen Taufbekenntnisses bewusster zu vollziehen.

Die Taufperikopen des Lesejahres A können in jedem Lesejahr, auch in Gemeinden, die keine eigenen Taufbewerber haben, verwendet werden und so noch einmal das Taufbewusstsein der Gemeinde stärken. Dies sind: die Erzählungen von der Samariterin am Jakobsbrunnen (Joh 4,5–42), von der Heilung des Blindgeborenen (Joh 9,1–41) und von der Auferweckung des Lazarus (Joh 11,1–45).

?

- **Wie weit ist die Erneuerung des Erwachsenenkatechumenates im deutschen Sprachgebiet vorangeschritten?**

- **Wo liegen seine Chancen? Welche Perspektiven eröffnet die Mitfeier des Katechumenats für die jeweils betroffenen Gemeinden?**

Dass erst 2001 die genannte Manuskriptausgabe erschienen ist, ist ein Indiz dafür, dass im deutschen Sprachraum die Erfahrungen mit dem Erwachsenenkatechument noch relativ neu und ungewohnt sind. Zu sehr ist etwa in den so genannten Alten Bundesländern die Gemeindestruktur immer noch volkskirchlich geprägt und die Kindertaufe immer noch der Regelfall. Deshalb fehlen pastorale und liturgische Erfahrungen auf breiter Ebene.

Positiv bleibt festzuhalten, dass das Zweite Vatikanische Konzil die Erwachsenentaufe nach dem frühkirchlichem Modell des gestuften Katechumenats wieder zur theologischen Norm der christlichen Initiation neu ins Bewusstsein erhebt. Mag auch in unseren Breiten die Kindertaufe noch den pastoralen Regelfall darstellen – die Erwachsenentaufe war, ist und bleibt der theologische Modellfall.

Wichtig ist zudem, dass bereits in den Riten des Katechumenats die Gemeinden auf breiter Ebene in den Vorbereitungsprozess zur Taufe miteingebunden sind. So ist es bereits der Wunsch des II. Vatikanischen Konzils im Missionsdekret „Ad gentes", Art. 14: „Um diese christliche Initiation im Katechumenat sollen sich aber nicht bloß Katechisten und Priester kümmern, sondern die ganze Gemeinde der Gläubigen, besonders aber die Taufpaten, sodass die Katechumenen von Anfang an zum Bewusstsein kommen, dass sie zum Gottesvolk gehören."

Ebenso scheint die Zeit der Mystagogischen Katechese, die der Feier der Initiationssakramente in der Osternacht nachfolgt, die Chance zu bieten, das Taufbewusstsein auch der bereits vor längerer Zeit getauften Gemeindemitglieder zu vertiefen. Dort, wo zum Beispiel in den Vereinigten Staaten von Amerika der Erwachsenenkatechumenat in Gemeinden bereits über Jahre und Jahrzehnte hinweg gefeiert wird, ist jedenfalls ein deutlich gestärktes Taufbewusstsein zu spüren. Insofern ist eine Stärkung des Erwachsenenkatechumenats sicherlich in jeglicher Hinsicht wünschenswert. Der Erwachsenenkatechumenat wird so zu einem wichtigen Baustein einer missionarischen Kirche in nachchristlicher Gesellschaft. Schon Papst Paul VI. verweist in seinem Schreiben „Evangelii nuntiandi" (vom 8. 12. 1975) auf sechs unterschiedliche Elemente oder Aspekte, die sich gegenseitig ergänzen, bereichern und durchdringen: Das Zeugnis des Lebens, das Zeignis des Wortes, der Einsatz im Apostolat, die Zustimmung des Herzens, schließlich der Empfang der Zeichen (der Sakramente) und der Eintritt in die Gemeinschaft. In diesem Kontext können die Katechumenatsgruppen des Erwachsenenkatechumenats geradezu zu „Biotopen des Glaubens" werden, so die Deutschen Bischöfe in ihrem Schreiben „Zeit zur Aussaat" (vom 26. 11. 2000).

 Zeit zur Aussaat, III, 4

Denn sie [die Katechumenatsgruppen] „können Räume der Einübung, der Erprobung und Bewährung des christlichen Glaubensweges werden. Dies ist nicht neu, sondern ein Vorgang der Glaubensweitergabe von den Tagen der Urkiche an. [...]. Sie helfen dem Menschen, der nach Sinn sucht, in einem Netz von Beziehungen den Glauben zu erfahren und zu leben."

3 „Was erbittet Ihr von der Kirche Gottes für euer Kind?"

Die Praxis der Säuglingstaufe als Brennpunkt der Kirche in nachchristlicher Gesellschaft

3.1 Eine Problemanzeige

Eingangs dieses Bandes wurde ein Textauszug aus „Die Asche meiner Mutter" des irischen Katholiken Frank McCourt zitiert, indem dieser seine eigene Taufe schildert. Neben den vielen amüsanten Details dieser Szene sind mehrere Aspekte bemerkenswert, die einen guten Einstieg in dieses Kapitel zur Kindertaufe ermöglichen:

Erstens: Am auffälligsten ist auf dem Hintergrund des vorangegangenen Kapitels, dass nicht ein mündiger Erwachsener getauft wird, der sich nach einem längeren Prozess der praktischen und theoretischen Auseinandersetzung mit dem christlichen Glauben bzw. der christlichen Glaubensgemeinschaft bewusst zu diesem Schritt entschieden hat. Einen Menschen bereits als unmündigen Säugling zu taufen, ist, wie wir anhand der Überlegungen zur Erwachsenentaufe und zum Katechumenat gesehen haben, gar nicht so selbstverständlich, wie dies heute vielen erscheint.

Zweitens lässt sich der plötzlich ausgefallene Pate, der ursprünglich vorgesehen war, problemlos durch eine gerade zur Verfügung stehende Person aus dem familiären Umfeld ersetzen. Das Patenamt scheint eine seiner maßgeblichen Funktionen, gemäß der ein sorgfältig ausgewähltes Gemeindeglied den Täufling in den Glauben einführen soll, verloren zu haben.

Überhaupt ist *drittens* an keiner Stelle davon die Rede, dass sich die Gemeinde an der Taufliturgie beteiligt, außer durch den Pfarrer und die Messdiener, obwohl doch in der frühen Kirche die

Aufnahme neuer Vollmitglieder in der Taufe eines der zentralen Ereignisse für eine christliche Gemeinde war. Dementsprechend kommen die Besiegelung durch den Bischof und die erste Eucharistie der Getauften nicht mehr vor.

Schließlich wird *viertens* als Hauptgrund dafür, dass jetzt nicht lange nach einem neuen Paten gesucht werden kann, angeführt, dass die Seele des Kindes in Gefahr sei. Johannes Chrysostomus, ein großer Tauftheologe der ersten Jahrhunderte, betont jedoch gerade den Umstand, dass Säuglinge nicht der Umkehr bedürftig sind, weil sie noch nicht gesündigt haben. Wie kann aber die Seele eines unschuldigen Säuglings ansonsten in Gefahr sein? Gibt es Bedrohungen „von außen", die nicht durch den Täufling selber hervorgerufen worden sind?

Diese Beobachtungen zur Taufe des kleinen Frank sind erste Hinweise darauf, dass im Fall der Kindertaufe nicht ohne weiteres erkennbar ist, wie die liturgische Praxis mit den biblischen Grundlagen in Einklang zu bringen ist. Im ersten Kapitel hatten wir erarbeitet, dass Taufe die Menschen in die biblisch bezeugten Heilsereignisse mit hineinnimmt und den Täufling gemäß dem Christusereignis umgestaltet: Er erhält von Gott ein neues Sein. Auf der Seite des Menschen ist die entsprechende Antwort die persönliche Entscheidung zum Glauben an Gottes Versöhnungshandeln in Christus, wobei dieser Glaube ursprünglich Geschenk Gottes ist. In der Gemeinschaft der Kirche wird dieser Glaube bekannt und muss sich in einem entsprechenden Leben aus dem Glauben bewähren. Taufe ist biblisch gesehen Teil eines Entwicklungsprozesses, der das Leben eines Menschen vollständig erfasst. Durch die Praxis der Erwachsenentaufe als Regel- und Modellfall der Taufe und die damit verbundene Einrichtung des Katechumenats nimmt die christliche Gemeinschaft jedenfalls prinzipiell diese biblischen Vorgaben ernst. Wie ist dies aber bei der Säuglings- oder Kindertaufe? Bisher wurden die Ausdrücke „Säuglingstaufe" und „Kindertaufe" recht unpräzise und mehr oder weniger gleichbedeutend verwendet. Entscheidend ist, dass man sie jeweils gleichbedeutend mit „Unmündigentaufe" verstehen muss. Dann lassen sich die Spannungen zum biblischen Rahmen mit folgenden Fragen andeuten:

?
- Wie kann ein unmündiger Mensch getauft werden, wenn Taufe eng mit einem ganzheitlichen Umkehrprozess, einer persönlichen Glaubensentscheidung und einer entsprechenden Lebenspraxis verbunden ist? Oder konkreter gefragt:

- Sind in der Praxis der Taufe unmündiger Menschen die vielschichtigen biblischen Kriterien aufgenommen, und wenn ja: wie?

Eng mit diesen hängen Fragen nach dem Verhältnis von Unmündigen- und Erwachsenentaufe zusammen:

?
- Wann und warum ist die Praxis der Erwachsenentaufe mit ausgebautem Katechumenat zugunsten der Taufe Unmündiger in den Hintergrund getreten, oder umgekehrt formuliert: Wieso ist die Taufe Unmündiger vom Ausnahme- zum Regelfall geworden?

- Ist die Taufe von Unmündigen einfach nur eine andere, gleichwertige Form neben der Erwachsenentaufe?

Dieser Fragenkatalog gibt das Programm der folgenden Abschnitte vor, wobei wir mit einigen Bemerkungen zur geschichtlichen Entwicklung der Taufpraxis beginnen.

3.2 Katechismus statt Katechumenat
Die Entwicklung der Taufe von der Spätantike bis zur Neuzeit

Die im zweiten Kapitel ausführlich beschriebene Praxis der Erwachsenentaufe mit einem ausgebauten Katechumenat ist im Umfeld der antiken Stadtgemeinde entstanden. Die christliche Gemeinde bildete innerhalb der städtischen Gesellschaft eine kleine Sondergruppe, die sich durch eine evangeliumsgemäße Lebensweise definierte. Sie kultivierte damit einen Lebensentwurf, der bewusst im Kontrast zu ihrer sozialen Umwelt stand. Der Katechumenat war in diesem Kontext der angemessene Weg, um langsam in diese besondere Gemeinschaft hineinzuwachsen und die persönliche Umkehr einzuleiten. Diese Form eines entfalteten katechumenalen Prozesses ist schon recht bald an ihre Grenzen gestoßen: Sie wurde grundsätzlich problematisch, als das Christentum unter Kaiser Konstantin im Jahre 386 im römischen Reich Staatsreligion wurde. Dadurch entschieden sich nicht wenige, ihr Leben lang im Katechumenenstatus zu verharren, um einerseits nicht die Pflichten eines Vollmitgliedes der Gemeinde auf sich nehmen zu müssen, andererseits aber in den Genuss aller staatlichen Rechte zu kommen, da sie als Katechumenen ja Glied der Kirche waren. Wir haben gesehen, dass Johannes Chrysostomus den Aufschub der Taufe bis ins hohe Alter heftig kritisiert, weil die bisherige Balance zwischen den einzelnen Abschnitten des katechumenalen Weges völlig verschoben wird. So erhält die Zeit der näheren Vorbereitung vor Ostern viel höheres Gewicht als die völlig unverhältnismäßig gedehnte Zeit der entfernteren Vorbereitung. Ablesbar wird dies z. B. an der Ausgestaltung der 40 Tage vor Ort mit einigen Skrutinien, den oben erwähnten liturgisch ausgeformten Gesinnungsprüfungen.

Der damit eingeleitete Trend setzte sich vollends durch, als die Taufliturgie der römischen Stadtgemeinden im Mittelalter ins Frankenreich und damit in ein gänzlich anderes soziales, kulturelles und religiöses Umfeld übertragen wird. Bemerkenswert ist, dass die zentralen Charakteristika der Taufpraxis, wie sie anhand des literarischen Beispiels der Taufe des kleinen Frank McCourt skizziert wurden, ihre Wurzeln bereits in diesem Entwicklungsschritt haben. Die Gemeinde war hier, wo es kaum Städte gab, nicht mehr die Größe, in der die Menschen Kirche erlebten. Die geistlichen Zentren des Frankenreiches waren die Klöster. Dementsprechend repräsentierte nicht der Bischof als Gemeindeleiter geistliche Macht, sondern der „heilige Mann": Der Mönch bekam nach dieser Vorstellung durch sein Leben gemäß den Regeln des Evangeliums heilige Kräfte verliehen, die er in der

Spendung der Sakramente weiterzugeben vermochte. H. Verweyen hat das entsprechende Sakramentenverständnis plakativ so dargestellt:

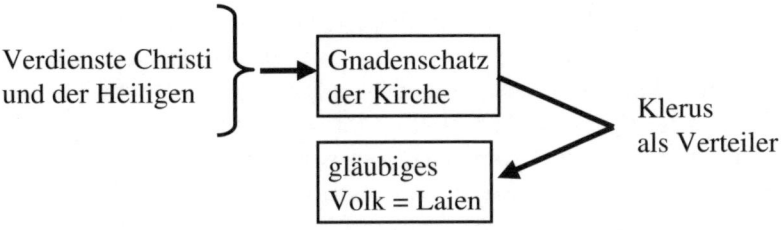

Schema: Das mittelalterliche Sakramentenverständnis

Der Wandel von einem Taufbekenntnis, das der Täufling während des Wassertaufaktes ausspricht, hin zu einer Taufformel, die der Taufende in Ich-Form ausspricht, dokumentiert diese Entwicklung: Während etwa in der Traditio Apostolica der Bischof den Täufling bezüglich seines Glaubens an den Vater, den Sohn und den Heiligen Geist befragt und der Täufling jeweils mit „Ich glaube" antwortet, ist nun das Untertauchen/Übergießen mit Wasser von dem Wort „Ich taufe dich im Namen des Vaters und des Sohnes und des Heiligen Geistes" begleitet. Der Täufling rückt damit zunehmend von demjenigen, der aktiv seinen Glauben bekennt, in die Rolle des Empfängers eines Sakramentes, das ihm ein Kleriker spendet. Eine wesentliche Konsequenz war, dass die Gemeindebeteiligung beim Taufgottesdienst letztlich nicht mehr entscheidend war. Taufe wurde zunehmend als persönlicher Sakramentenempfang verstanden, nicht mehr als Aufnahme in eine konkrete christliche Gemeinschaft mit ihren Lebensregeln und sozialen Beziehungen. Die kirchliche Beteiligung reduzierte sich auf die Spendefunktion des Amtsträgers. Dieser Schritt ging im Übrigen – worauf wir hier allerdings nicht näher eingehen können – einer mit dem Siegeszug der Augustinischen Erbsündelehre, die sich im oben erwähnten Streit darüber, ob auch unmündige Säuglinge der Vergebung bedürftig seien, letztlich durchgesetzt hat. Augustinus verteidigte diese Position vehement

z. B. gegenüber Johannes Chrysostomus: Denn dem Verhängnis der Sünde, das die Menschheit insgesamt durchwaltet, könne kein neugeborener Mensch entkommen; die Eltern vererben dieses Verhängnis nach Augustinischer Vorstellung quasi automatisch an ihre Kinder, und deren einzige Rettung vor der Verdammnis durch Gottes Gericht liegt in der Taufe. Auf diesem Hintergrund ist natürlich klar, dass eine möglichst frühe Taufe geboten ist, und diese fordert ja Frank McCourt's Tante auch mit Nachdruck ein.

In den Jahrhunderten nach der Anerkennung des Christentums im Römischen Reich und nach der Christianisierung des Frankenreiches sprach also alles dafür, bereits unmündige Säuglinge zu taufen. Die Taufe konnte zur Aufnahme in die Gesamtgesellschaft werden, die praktisch vollständig christlich war. Das Aufwachsen war mit dem Hineinwachsen in die Kirche und in ein christliches Leben gleichbedeutend. Die ursprüngliche Reihenfolge „umfassendes Kennenlernen der christlichen Glaubenslehre, vor allem der Heiligen Schrift / Einüben in ein Leben aus dem Glauben im Katechumenat Taufe" wird zugunsten der Abfolge „Taufe? Sicherung religiösen Grundwissens (Einführung in Apostolisches Glaubensbekenntnis, Vaterunser und Zehn Gebote) im Katechismusunterricht / Einüben christlicher Lebensform als lebenslange Aufgabe" umgedreht.

Für die Taufliturgie haben diese Entwicklungen massive Folgen, die im Grund bis heute nachwirken. Anhand der TA und des erneuerten Weges der Erwacheneninitiation ist uns im letzten Kapitel deutlich geworden, dass die verschiedenen Riten, die während des Katechumenats, im Taufgottesdienst und in der mystagogischen Phase nach der Taufe gefeiert werden, Gottesdienste sind, in denen tatsächlich der Abschnitt des Glaubensweges gefeiert wird, in dem sich die Taufbewerber/-innen bzw. Getauften befinden. Leben und Feier stehen zueinander in einem Wechselverhältnis. In der eigentlichen Taufliturgie drückt sich die Fülle biblischer Tauftheologie dementsprechend im Zusammenspiel der drei zentralen Handlungen aus: der Wassertaufe, der Konsignation durch den Bischof und der Taufeucharistie. Jetzt ist das Stadium erreicht, in dem die bisherigen Katechumenen in Tod und Auferstehung Jesu Christi hineingenommen werden, was der

Bischof durch seine Salbung besiegelt, und dies befähigt sie, als Vollinitiierte erstmals an der Eucharistie der Gemeinde teilzunehmen.

In der ländlich strukturierten Welt bricht als erstes die Salbung durch den Bischof aus diesem einheitlichen Ritengefüge heraus, denn der Bischof ist ja gar nicht mehr bei allen Taufen anwesend. Die bischöfliche Salbung erhält schließlich den Status eines eigenen Sakramentes: der Firmung (auf die damit verbundenen Probleme ist im nächsten Kapitel einzugehen). Im Hochmittelalter ist dann auch die Ersteucharistie aus der Taufliturgie verschwunden, die bis dahin den Säuglingen noch mittels der Einflößung des Blutes Christi im Zeichen des Weines gespendet worden ist. Die Theologie vollzieht die liturgische Praxis dann auch nach und legt fest, dass für eine gültige Taufe lediglich noch der Wassertaufakt einschließlich der korrekten Taufformel notwendig ist, wobei der Spender die richtige Intention haben und der Empfänger des Sakramentes recht disponiert sein muss: „Das liturgische Minimum ... wird zur Norm der theologischen Deutung und zunehmend auch der gottesdienstlichen Feier der Sakramente." – Frank McCourt's Taufe ist dafür ein sprechendes Beispiel!

Kurz zusammengefasst ergeben sich folgende Unterschiede zwischen der Taufpraxis im frühen Christentum und der Spätantike auf der einen und seit dem Mittelalter auf der anderen Seite:

Taufpraxis

Frühes Christentum und Spätantike	**Mittelalter und Neuzeit**
• Erwachsenentaufe als statistische und sachliche Norm	• Erwachsenentaufe als sachliche, Säuglingstaufe als statistische Norm
• Organisches Gefüge von Verkündigung des Evangeliums, Glaube an das Evangelium, ausdrücklichem Bekenntnis dieses Glaubens, Taufe und einem Leben aus der Taufe	• Taufe fällt als Befreiung von der Erbsünde aus dem organischen Gefüge von Verkündigung des Evangeliums, Glaube an das Evangelium, ausdrücklichem Bekenntnis dieses Glaubens und einem Leben aus der Taufe

	heraus; Verkündigung muss nachgeholt werden, um Getauften eine nachträgliche „Ratifizierung" der Taufe durch ihr Glaubensbekenntnis und einen entsprechenden Lebenswandel zu ermöglichen
• Taufe gliedert in eine besondere Gesellschaft ein	• Taufe ist identisch mit der Eingliederung in die Gesamtgesellschaft
• Einheit der Initiationssakramente Taufe, Firmung und Eucharistie	• Aufspaltung der Initiationssakramente in verschiedene Stufen

Derzeit stellt die Säuglingstaufe immer noch statistisch gesehen die Norm in unserer Gesellschaft dar. An der Ausformung des Ritus der Kindertaufe lässt sich allerdings ablesen, dass die Kirche an der Erwachseneninitiation als evangeliumsgemäßem Modellfall festgehalten hat. So finden sich auch im derzeit gültigen Kindertaufritus immer noch Reste von Riten aus dem Erwachsenenkatechumenat.

3.3 Die „Feier der Kindertaufe" gemäß dem Ordo von 1971

Bis zum Zweiten Vatikanischen Konzil wurde die Kindertaufe als ein völlig überladenes Ritengefüge gefeiert, in das eine Fülle von ursprünglichen Katechumenatsriten integriert war. Das Konzil hat hingegen nicht nur den Erwachsenenkatechumenat wiederbelebt, sondern auch einen Kindertaufritus angemahnt, der der Situation der Säuglingstaufe wirklich angemessen ist. Ein solcher Ritus liegt für uns in der „Feier der Kindertaufe" von 1971 vor, die wie folgt aufgebaut ist:

WAS	WO
ERÖFFNUNG	Eingang der Kirche
Begrüßung	
Gespräch mit den Eltern; Wort an die Paten	
WORTGOTTESDIENST	in der Kirche
Lesung(en) – Gesang – Homilie	
EHEMALIGE KATECHUMENATSRITEN	
Signation (Bezeichnung mit dem Kreuzzeichen)	
Litanei und Fürbitten	
Gebet um Befreiung (Exorzismus)	
Salbung mit Katechumenenöl (freigestellt)	
TAUFE	am Taufbrunnen
Taufwasserweihe (außer in der Osterzeit)	
Abrenuntiation – Absage an das Böse durch Eltern und Paten	
Glaubensbefragung der Eltern und Paten	
Apostolisches Glaubensbekenntnis oder Glaubenslied der Gemeinde	
Wassertaufe mit Taufformel	
Salbung mit Chrisam	
Überreichung/Anlegen des Taufkleides	
Überreichung/Entzünden der Taufkerze	
Effata-Ritus (nicht exorzistisch; freigestellt!)	
ABSCHLUSS	am Altar
Vaterunser	
Segen über Mütter, Väter, Paten und die übrige Gemeinde	
Entlassung	

Vieles, was zu den zentralen Handlungen zu sagen ist, findet sich bereits im ersten Kapitel zu den biblischen Grundlagen, wo die einzelnen Elemente an den entsprechenden Stellen ausführlich gedeutet worden sind. Deshalb hier nur noch einige ergänzende Bemerkungen zu einzelnen Teilen:

Die tabellarische Übersicht zeigt auf den ersten Blick, dass der Ritus klar in fünf Teile aufgegliedert ist, die an unterschiedlichen Orten des liturgischen Raumes stattfinden. Am Eingang der Kirche begrüßt der Taufspender Eltern und Paten und stellt unter anderem die Frage, die im Titel des Kapitels auftaucht: „Was erbitten Sie von der Kirche Gottes für ihr Kind?" Und die Eltern antworten: „Die Taufe." Dann folgt der Wortgottesdienst, in dem in Lesungen aus der Heiligen Schrift, Gesang und Auslegung die großen Heilstaten Gottes, in die der Täufling hineingenommen werden soll, lebendig werden. Dann folgen ehemalige Katechumenatsriten. Die Signierung mit dem Kreuzzeichen wurde ja als Aufnahmeritus in die christliche Gemeinde verstanden (vgl. oben S. 33–34). Beachtet man zusätzlich, dass auch die Signierung durch den Bischof am Ende der Initiationsriten – heute in der Firmung – auf der Stirn erfolgt, legt sich das Erlösungszeichen quasi wie eine Klammer um die Aufnahme des Menschen in seine neue Existenz in Christus. Die Allerheiligenlitanei und die Fürbitten binden die konkrete Feiergemeinde und vor allem die Täuflinge in die Gemeinschaft der Kirche an allen Orten und zu allen Zeiten ein und vertrauen das Leben der Täuflinge und derer, die sie begleiten, der Fürsorge Gottes an. Das Gebet um Befreiung lehnt sich an die früheren Exorzismen an. Es richtet sich bittend an Gott, dass er den Täufling aus der Macht des Bösen herausnehmen und dadurch befähigen möge, ein Leben aus dem Glauben zu führen. Dabei ruft das Gebet Christi Heilstat, die die Befreiung von allen gottwidrigen Mächten schenkt, in die Gegenwart der Feiernden hinein. Die ausdrückliche Absage der Eltern und Paten sowie deren Glaubensbekenntnis, mit dem sie in den Glauben der Gemeinde einstimmen, bauen auf der befreienden Heilstat Gottes auf, wie sie im Gebet erfleht wird. Insofern entspricht diese Abfolge der biblischen Aussage, dass der Glaube und ein Leben aus dem Glauben Gottes Geschenk ist, nicht zuerst menschliche Leistung. Der letzte der ehemaligen Katechumenatsriten ist die Salbung mit Katechumenenöl, die ursprünglich den Taufbewerber in seinem Ringen mit dem Bösen stärken und schützen sollte. Diese Salbung ist (völlig sachgerecht) freigestellt, da ja dem Säugling kein Katechumenat im engeren Sinne bevorsteht.

Zum eigentlichen Taufakt ist das meiste bereits gesagt. Eine kurze Betrachtung des Hochgebetes zur Taufwasserweihe – oder dem Inhalt angemessener: des Lobpreises und der Anrufung Gottes über dem Wasser – soll hier genügen und kann diesen Teil des Kapitels gut beschließen: Die Motive des Gebetes schlagen hervorragend den Bogen zurück zum ersten Kapitel. Im Hochgebet verdichtet sich nochmals, in welche heilsgeschichtlichen Bezüge die Getauften hineingestellt werden. – Zunächst die entscheidenden Passagen des Hochgebetes der Taufwasserweihe im schematischen Überblick, wobei wir das erste der drei möglichen Formulare auswählen, das aus Passagen des klassischen römischen Hochgebetes neu zusammengesetzt wurde:

 ANAKLESE/ANAMNESE (Anrufung/Gedächtnis)

Allmächtiger, ewiger Gott, …
Auf vielfältige Weise hast du das Wasser dazu erwählt, dass es hinweise auf das Geheimnis der Taufe:
(a) Schon im Anfang der Schöpfung schwebte dein Geist über dem Wasser und schenkte ihm die Kraft, zu retten und zu heiligen.
(b) Wasser brachte der Sünde den Untergang und heiligem Leben einen neuen Anfang.
(c) Als die Kinder Abrahams, aus Pharaos Knechtschaft befreit, trockenen Fußes das Rote Meer durchschritten, da waren sie ein Bild deiner Gläubigen, die durch das Wasser der Taufe aus der Knechtschaft des Bösen befreit sind.
(d) Allmächtiger, ewiger Gott, dein geliebter Sohn wurde von Johannes im Jordan getauft und von dir gesalbt mit Heiligem Geist. Als er am Kreuz hing, flossen aus seiner Seite Blut und Wasser. Nach seiner Auferstehung befahl er den Jüngern: „Geht hin und lehret alle Völker und taufet sie im Namen des Vater und des Sohnes und des Heiligen Geistes."

EPIKLESE (Herabrufung des Geistes)

Allmächtiger, ewiger Gott,
Schau gnädig auf deine Kirche und öffne ihr den
Brunnen der Taufe.
Dieses Wasser empfange die Gnade deines eingebo-
renen Sohnes vom Heiligen Geiste, damit der Mensch,
der auf dein Bild hin geschaffen ist, durch das Sakrament der Taufe gereinigt wird von der alten Schuld
und aus Wasser und heiligem Geiste aufersteht zum
neuen Leben deiner Kinder.
Durch deinen geliebten Sohn steige herab in dieses
Wasser die Kraft des Heiligen Geistes, damit alle, die
durch die Taufe mit Christus begraben sind in seinen
Tod, durch die Taufe mit Christus auferstehn zum
ewigen Leben.

Zunächst werden der versammelten Gemeinde in vier Anrufun-
gen Gottes – daher die Bezeichnung des Teiles als Anaklese –
griech.: Anrufung – die großen heilsgeschichtlichen Ereignisse ins
Gedächtnis gerufen, zu denen das Taufgeschehen in Beziehung
steht. Es sind dies die Schöpfung der Welt, in der Gott die Chaos-
Wasser gebannt und eine Ordnung errichtet hat, in der das Leben
gedeihen kann; die Bedrohung der Schöpfungsordnung durch
gottwidrige Mächte, vor allem die Sünden der Menschen, die in
den Wassern der Sintflut symbolisiert werden; die Befreiung des
Volkes Israel aus Ägypten; und schließlich „in der Fülle der Zeiten" das Christusereignis, wobei exemplarisch die Taufe Jesu im
Jordan und sein Sterben am Kreuz herausgegriffen werden. In den
großen biblischen Bildern, die uns schon im 1. Kapitel begegnet
sind, wird hier das Gedächtnis (= griech. die Anamnese) der Heilstaten Gottes begangen.

Der Taufbefehl Jesu an seine Jünger bildet dann die Brücke
zum zweiten großen Teil des Gebetes: In der Epiklese – griech.:
Herabrufung – des Heiligen Geistes bittet der Vorsteher dann im
Namen der versammelten Gemeinde darum, dass der Heilige

Geist ganz gemäß den angeführten Ereignissen nun auch das Taufwasser erfüllen möge. In der gegenwärtigen Feier der Taufe soll Gottes Heilshandeln im Zeichen des Wassers ebenso Wirklichkeit werden, wie in den genannten Ereigniszusammenhängen. Die Epiklese vernetzt deshalb Schöpfungs- und Osterbilder auf das Engste miteinander. Wie wir im ersten Kapitel bedacht haben, ist die Taufe Wiedergeburt des neuen Menschen aus Wasser und Geist (vgl. Joh 3,5), Wiederherstellung seiner menschlichen Natur nach der Idee des guten Schöpfergottes. Diese neue Existenz wird dem Getauften im Erlösungstod Jesu Christi geschenkt: In der Taufe wird er mit Christus begraben und mit ihm auferweckt (vgl. Röm 6).

Es war eine wichtige Neuerung, dass das Zweite Vatikanische Konzil die Taufwasserweihe für jeden Taufgottesdienst vorgeschrieben hat. Das Hochgebet ist das entscheidende Element der Liturgie, durch das die Gemeinde immer wieder neu an den Stellenwert und die Würde der Taufe erinnert wird. Im Fall der Kindertaufe dient es natürlich nicht dazu, dem Täufling selbst die heilsgeschichtlichen Bezüge seiner Taufe in Erinnerung zu rufen. Vielmehr sind es Eltern, Paten und übrige Gemeindeglieder, die ihre Verantwortung für ein Leben aus der Taufe und für die Begleitung des Täuflings auf seinem zukünftigen Weg erkennen sollen. Zumindest fragwürdig ist deshalb auch, warum ausgerechnet bei Taufen in der Osterzeit keine eigenständige Taufwasserweihe vorgesehen ist, und stattdessen das in der Osternacht geweihte Wasser verwendet wird.

Nur der Vollständigkeit halber seien noch kurz die Riten nach der eigentlichen Taufspendung erwähnt: Zur Bekleidung mit dem Taufkleid wurde schon alles Notwendige gesagt (vgl. oben S. 40–43).

Das Überreichen der Taufkerze und deren Entzünden an der Osterkerze ist ein Ritus, der erst Anfang des zweiten Jahrtausends feststellbar ist. Er erinnert daran, dass die erwachsenen Neugetauften in der Osternacht während ihrer Prozession vom Taufort in die Kirche brennende Kerzen in den Händen hielten.

Der Effata-Ritus ist in der neuen Kindertaufliturgie an diese Stelle gerückt, obwohl er ursprünglich ein exorzistischer Ritus innerhalb der Taufvorbereitung gewesen ist. Heute ist er der Heilung eines Taubstummen in Mk 7,31–37 angelehnt, wo Jesus einem Mann Ohren und Mund öffnet, um ihn dazu zu befähigen, Zeugnis abzulegen. Dabei berührt Jesus die entsprechenden Organe, und dieses tut in der Feier auch der Taufspender.

Wir hatten schon mehrfach darauf hingewiesen, dass die ursprüngliche Einheit der Initiationssakramente seit langem zerbrochen ist. Die Erstkommunion ist seit dem Hochmittelalter Jahre nach der Taufe angesiedelt. Um wenigstens einen Ausblick auf die Teilnahme der Neugetauften an der eucharistischen Tischgemeinschaft zu geben, versammelt sich die Gemeinde zum Vaterunser und zu den verschiedenen Segenshandlungen abschließend um den Altar.

Die Praxis der Taufe von Kindern bzw. Säuglingen, sprich: unmündigen Menschen, ist deshalb prinzipiell möglich, weil

– nach biblischem Verständnis Gott allein Glauben und neues Leben schenkt, und nicht entsprechende Vorleistungen seitens der Menschen als Bedingung für die Taufe angesehen werden können;

– anstelle der Täuflinge deren Eltern und Paten als Glieder der christlichen Gemeinde den Glauben an Gott und die Erlösung in Jesus Christus ausdrücklich bekennen. Vor allem die Lesungen aus der Heiligen Schrift und das Hochgebet der Taufwasserweihe erinnern die Verantwortlichen an die Größe ihrer Aufgabe, zu der sie aufgrund der Würde ihrer eigenen Taufe befähigt und berufen sind;

– Eltern, Paten und die übrige Gemeinde den Neugetauften eine ganzheitliche Erziehung zu einem christlichen Leben ermöglichen können. Dadurch wird dem Getauften im Idealfall der Raum zu einem organischen „Wachstum im Glauben" eröffnet.

Die Kindertaufe ist allerdings nur dann sinnvoll, wenn die skizzierten Rahmenbedingungen gewährleistet sind. Deshalb ist sie als „flächendeckende" Praxis in unserer heutigen gesellschaftlichen Situation mehr als problematisch geworden. Mit der Überschrift dieses Abschnittes formuliert: Wissen die Eltern, die zu Beginn der Taufe ihres Kindes gefragt werden, „Was erbittet ihr von der Kirche Gottes für euer Kind?" in der Regel überhaupt noch, worum sie bitten?

3.4 Ausblick: ein dreigliedriges Taufkonzept als Modellfall gegenwärtiger Taufpraxis?!

Die Entwicklung der Taufe, wie sie bisher deutlich geworden ist, lässt sich schematisch wie folgt darstellen:

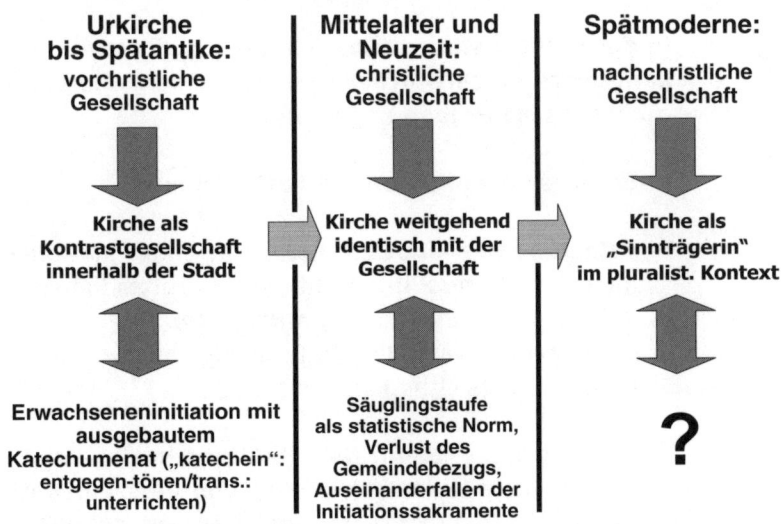

Schema: Wechselspiel von Sozialgestalt der Kirche und Form der Initiation

Die Wirklichkeit in unseren Gemeinden und viele entsprechende Untersuchungen der vergangenen Jahre zeigen, dass zahlreiche Eltern, die um die Taufe ihres Kindes bitten, nicht mehr um die dargestellten Dimensionen des Taufgeschehens wissen. In einer Zeit, in der die so genannte Volkskirche, eine Kirche, die weitestgehend mit der Gesellschaft identisch ist, immer mehr im Schwinden begriffen ist, ist dies auch nicht verwunderlich. Taufe ist für viele zu einem Familienfest geworden, und die kirchliche Feier dient dazu, die „Ankunft" eines neuen Familienmitglieds festlich zu begehen. Darüber hinaus will man sich eines irgendwie gearteten Schutzes für das Kind versichern – oft frei nach dem Motto: „Schaden kann es ja nicht, wenn wir das Kind vom Pfarrer segnen lassen". In dieser Situation ist es für die christliche Glaubensgemeinschaft unabdingbar, sich wieder des Katechumenats als Modellfall der Taufvorbereitung zu erinnern. Mittlerweile versuchen einige Gemeinden, in der Taufpastoral neue Wege zu gehen. Abschliessend sei nur noch darauf hingewiesen, welche Alternativen dabei verfolgt werden könnten:

In der nachchristlichen Gesellschaft sind folgende Zugangswege zur christlichen Glaubensgemeinschaft den biblischen Maßstäben angemessen:

– **Erwachseneninitiation mit Katechumenat;**

– **Aufnahme des Kindes/Säuglings in einen katechumenalen Prozess innerhalb eines Gottesdienstes, der zugleich einen Segensritus am Beginn des Lebensweges darstellt. Taufe erfolgt nach der Einübung in eine christliche Existenz;**

– **Säuglingstaufe, wenn die Eltern voll in die christliche Gemeinde integriert sind und eine entsprechende Erziehung/Begleitung des neugetauften Kindes im Sinne eines „Katechumenates nach der Taufe" sicherstellen können.**

Insgesamt muss es uns in den Gemeinden verstärkt darum gehen, unser aller Taufbewusstsein immer wieder zu erneuern, damit wir tatsächlich mit vollem Herzen im Gottesdienst singen können: „Wir sind getauft auf Christi Tod / und auferweckt mit ihm zu Gott. / Uns ist geschenkt sein Heilger Geist, / ein Leben, das kein Tod entreißt." (*GL* Nr. 220, 3. Strophe).

4 Die Firmung –
ein schwieriges Sakrament?

4.1 Problemanzeige: Das richtige Firmalter

Firmung in einer Großstadtgemeinde: Der Bischof ist angereist; wegen der Fülle von Terminen findet der Gottesdienst an einem Donnerstag am frühen Abend statt. Kaugummi kauend hängen einige frustrierte und gelangweilte Jugendliche in den Kirchenbänken – es sind die Firmlinge. Der Bischof müht sich redlich, in der Predigt die Bedeutung des Firmsakramentes zu erklären. Der Jugendchor der Gemeinde, der den Gottesdienst gestaltet, ist eigentlich die einzige Gruppe von regulären Gemeindemitgliedern. Ansonsten handelt es sich bei der Festgemeinde um besagte Jugendliche, deren Eltern, die Firmpaten und Verwandten. Einen Großteil der Firmlinge wird man nach dem Firmgottesdienst kaum noch in der Gemeinde zu Gesicht bekommen.

Heute wird in vielen Gemeinden über das richtige Firmalter diskutiert. Im Hintergrund stehen Fragen wie: Wenn wir nicht mehr jahrgangsweise firmen, verlieren wir dann nicht immer mehr junge Menschen? Also sollten wir das Firmalter nicht zu hoch ansetzen? Oder: Können sich Jugendliche in der Zeit der Pupertät überhaupt intensiver mit ihrem Glauben beschäftigen? Wäre für eine gelungene Firmvorbereitung deshalb nicht ein höheres Firmalter angemessener? – Kurz:

? Gibt es das pastoral richtige Firmalter, ein Alter, in dem die Feier der Firmung idealerweise anzusetzen wäre?

Wir möchten nicht weiter auf die nur angedeutete, mittlerweile ausufernde Diskussion eingehen. Die Debatten scheinen uns ein Reflex zu sein auf die theologischen Probleme, die hinsichtlich des Sakramentes der Firmung im Ganzen bestehen. Wenn wir uns auf die aktuelle Diskussion in der römisch-katholischen Kirche beschränken, so lässt sich zu den derzeit vertretenen Optionen folgendes sagen:

Firmung im Kindesalter

Plädiert man für eine Aufrechterhaltung der ursprünglichen Reihenfolge der drei Sakramente der Initiation (Taufe – Firmung – Eucharistie), so spricht dies für eine Firmung um das siebte Lebensjahr: nach der (Säuglings-)Taufe, aber noch vor der Erstkommunion. Die Firmung im Kindesalter führt allerdings zu einer Anhäufung verschiedener religiöser Schwerpunktsetzungen in dieser Entwicklungsphase, die sich aus psychologischer Sicht durchaus kritisieren lässt und wohl kaum wünschenswert ist – auch wenn die Beibehaltung der ursprünglichen Reihenfolge der drei Eingliederungssakramente sicherlich aus historischen und theologischen Gründen und vor allem auch im Kontext der Ökumene am stimmigsten erscheinen mag, wenn sowohl die Ostkirchen als auch die Kirchen der Reformation diese Reihenfolge der Initiationssakramente beibehalten haben.

Die Firmung zu Beginn der Pubertät

In Mitteleuropa üblich ist noch immer die Firmung zu Beginn der Pubertät, also etwa um das 12. Lebensjahr. Dies bedeutet aber, dass die ursprüngliche Reihenfolge der drei Sakramente der Eingliederung aufgelöst wird. Dies wiederum führt dazu, dass die Initiation eben nicht mehr Initiation, also Zulassung zum Glaubenssakrament der Kirche, der Eucharistie, darstellt, sondern dass so genannte „Halb-Initiierte" (also Nur-Getaufte, aber Nicht-Gefirmte) an der Eucharistie teilnehmen.

Hinzu kommt, dass die Firmvorbereitung in diesem Alter, in dem die Jugendlichen schon mit den Problemen der beginnenden Pubertät konfrontiert sind, kaum jene mündige Entscheidung zu einem christlichen Leben hervorbringt, die mit der Firmung zurecht erwartet wird, insofern man die Firmung als „Ratifikation der Taufe" versteht. Der Schweizer Theologe und Bischof Kurt Koch hat darauf hingewiesen, dass in diesem Alter die Firmung damit gerade nicht zu einem Sakrament einer bestätigten, verbindlichen Kirchengemeinschaft wird, sondern eher zu einem „Sakrament des Kirchenaustritts", eines Kirchenaustrittes, der zum Teil zusammen mit der Firmung gleichsam automatisch erfolgt.

Die Firmung bei jungen Erwachsenen

Ein weiterer Ansatz besteht darin, die Firmung zwischen dem 17. und 20. Lebensjahr zu feiern. Gerade im Kontext der Überlegungen zum Thema Übergangsriten (die Firmung als Ritus des „Erwachsenwerdens") ist dies sicher der spannendste Ansatz. Die Jugendlichen haben die Pubertät mit all ihren Problemen hinter sich gelassen und treten nun nach dem Schulabschluss ein in die Welt der Erwachsenen. Was läge also näher, als die Firmung als einen Übergangsritus zu begreifen, der den Schritt zu einem mündigen Christentum, zum Christentum der Erwachsenen markiert? Hierzu ist aus theologischer Sicht zu sagen, dass die Firmung zunächst nicht der Übergangsritus zu einem entschiedenen Christentum ist, sondern ein Initiationssakrament. Zum Zweiten ist die Gefahr zu sehen, dass es in der Gemeinde zu einer sektenähnlichen Elitenbildung kommt: Diejenigen, die sich zur Firmung anmelden, gelten als überzeugte, engagierte Christen und sind von den anderen abzuheben und zu unterscheiden, die die Firmung, vielleicht aufgrund persönlicher Überforderung zunächst verweigern.

Was also tun angesichts der Vielfalt der angerissenen Probleme? Hat die Firmung eine Zukunft, und wenn ja: welche? Dazu ist zunächst zu fragen, welche theologischen Probleme sich eigentlich hinter der Debatte um das Firmalter verbergen.

4.2 Die theologischen Probleme

Wie wir gesehen haben, ist beim gegenwärtigen Stand der Diskussion hinsichtlich des Firmalters keine Patentlösung in Sicht. Denn mit der Wahl eines jeden Firmalters sind spezifische theologische Akzentsetzungen verbunden, die zugleich spezifische theologische Probleme mit sich bringen. Letztlich geht es demnach um einen „theologischen gordischen Knoten", an dem es sich abzuarbeiten gilt.

 Welches sind die theologischen Probleme, die sich in der Diskussion um das Firmalter widerspiegeln?

Zwar häufen sich gerade in den vergangenen Jahren Publikationen, die die Firmung sehr stark als ein eigenständiges Sakrament betonen und damit auch die Positionierung der Firmung nach der Erstkommunion verteidigen. Doch zeigt sich gerade an diesen etwas hilflos wirkenden Rettungsversuchen das gesamte Dilemma des Sakramentes der Firmung. Oftmals wird hier unter dem Erkenntnis leitenden Interesse argumentiert, die jetzige Firmpraxis aus pastoralen Gründen retten zu wollen, was freilich weder der Sache dienlich ist, noch zu wirklich tragfähigen praktischen Lösungen führen wird.

Allerdings ist auch der zuweilen geäußerte Vorschlag, die wahrscheinlich aus der Stirnsignierung nach der Taufe entstandene Firmung als Anachronismus einfach abzuschaffen, im Lichte der kirchlichen Lehrentwicklung und der Tradition nicht möglich [DH 1310–1328; 1317–1319; 1628–1630]. Werfen wir dazu noch einmal einen Blick in die Liturgiegeschichte.

 Wie ist die Firmung denn historisch entstanden? Lassen sich vielleicht aus der Entstehungsgeschichte der Firmung Lösungen für heutige pastorale Probleme gewinnen?

In der frühen Kirche, so der gegenwärtige liturgiewissenschaftliche Konsens, war die Firmung kein eigenständiges Sakrament. Die älteste Bezeugung einer Salbung, die der eigentlichen Taufhandlung nachfolgt, findet sich in der Traditio Apostolica [TA 21]. Jedoch ist die Funktion dieser Salbung nach der Taufe in der Forschung höchst umstritten. In den meisten Publikationen wird dieser Ritus jedenfalls als zeichenhafte Mitteilung des Geistes Gottes gedeutet, die vom Bischof als dem eigentlichen Spender der Initiationssakramente vorgenommen wird. In jüngster Zeit wird verstärkt dafür plädiert, die Firmung von ihrem Ursprung her als eine „Consignatio" anzusehen. Es handelt sich dabei um einen Doppelritus, bestehend aus einem Gebet unter Handauflegung um die siebenfache Gabe des Heiligen Geistes (vgl. Jesaja 11,2), bei dem die Stirn mit einem Kreuzzeichen bezeichnet und besiegelt wird. Dies ist als endzeitliche, eschatologische Versiegelung des Täuflings zu verstehen (vgl. oben Kap. 1). Gegenüber diesen rituellen Elementen wäre die Salbung mit Chrisam eher als sekundär anzusehen.

Folgt man der Mehrheit der Autoren, so ist die Salbung, wie sie in Traditio Apostolica 21 geschildert wird, jedenfalls ein Bindeglied zwischen der eigentlichen Wassertaufe und der ersten Feier der Eucharistie, an der die Neugetauften teilnehmen dürfen.

Noch deutlicher lässt sich sagen: Taufe und Salbung sind die Feiern der Eingliederung (Initiation), während die nachfolgende Eucharistie die Feier der bereits Eingegliederten (der Initiierten) ist.

Damit ist noch einmal daran erinnert, dass alle drei später eigenständigen Sakramente (Taufe, Firmung, Eucharistie) in der frühen Kirche in ein und derselben Feier vollzogen und gefeiert wurden. Diese gemeinsame Feier der drei Initiationssakramente und ihre Reihenfolge ist zunächst eine gemeinsame Tradition des Westens (TA, Cyprian von Kartago, Tertullian, Ambrosius) wie des Ostens (Cyrill von Jerusalem, Theodor von Mopsuestia, Apostolische Konstitutionen).

In den Kirchen des Ostens ist diese Einheit der Initiationssakramente und ihre Reihenfolge im Übrigen bis heute erhalten geblieben. Im lateinischen Westen ergibt sich seit dem Frühmittelalter zunehmend ein anderes Bild: Dadurch, dass man am Bischof als dem eigentlichen Spender der Firmung festgehalten hat, löste diese sich nach und nach von der Taufe, denn durch die Entstehung von ländlichen Pfarreien werden die jeweiligen Ortskirchen, denen ein Bischof vorsteht, rein flächenmäßig zu groß, als dass der Leiter, der seit der frühen Kirche der Vorsteher der gesamten Feier der Eingliederung ist, noch alle Taufen selbst vornehmen könnte. Die Taufen werden dementsprechend an Priester delegiert (so schon in TA, wenn die Presbyter dem Bischof bei der Wassertaufe assistieren), dem Bischof bleibt hingegen die Besiegelung nach der Taufe vorbehalten.

Dabei wird jedoch auch in der römisch-katholischen Kirche die Reihenfolge der drei Sakramente der Eingliederung bis ins 19. Jahrhundert hinein nicht angetastet: Erst erfolgt die (Säuglings-)Taufe durch den Ortspfarrer, dann eine frühe Firmung durch den Bischof, dann die Eucharistie/Erstkommunion.

Auch in den Kirchen der Reformation wurde bis heute weitgehend an der Konfirmation als Voraussetzung für die Zulassung zum Abendmahl festgehalten. Erst durch die von Papst Pius X. zu Beginn des 20. Jahrhunderts im Bereich der römisch-katholischen Kirche unterstützten Bestrebungen zur Frühkommunion wurde die Reihenfolge umgedreht. Die neue Abfolge lautet nunmehr: erst Kindertaufe, dann Erstkommunion, dann Firmung. Damit verabschiedete sich aber die römisch-katholische Kirche von einer faktisch in allen anderen Kirchen bis heute weiter bestehenden liturgischen Tradition, die immerhin seit der Zeit der Väter fast 2000 Jahre in Geltung war. Die Firmung wurde dadurch vom Sakrament der Initiation, das die Initiierten vollends befähigen soll, an der Eucharistie teilzunehmen, zu einem Sakrament, das seine Bedeutung sucht.

Je nachdem, welchen theologischen Standpunkt ein Autor einnimmt, ist die Firmung im einen Fall „Ratifizierung der Taufe", im anderen Fall „Sakrament des Mündig-Werdens" bzw. „Sakrament der Geistmitteilung und Stärkung für ein Leben in der Nachfolge Jesu".

Hierzu ist anzumerken, dass alle diese Ansätze sicherlich nicht falsch sind, beleuchten sie doch jeweils einen bedenkenswerten Einzelaspekt, der die Firmung als Teil des Initiationsgeschehens auszeichnet. Ihnen gemeinsam ist jedoch, dass sie zumeist nicht von den liturgischen Texten ausgehen, die liturgische Feiergestalt der Firmung also unberücksichtigt lassen, und dass sie keine Lösung aus der gegenwärtigen Krise der Firmtheologie und Firmpastoral bieten.

? Welches ist heute das theologische Hauptproblem der Firmung, aus dem sich dann diverse pastorale Probleme ergeben?

!
– Ein erstes theologisches Hauptproblem besteht in der Trennung der Firmung von der Taufe, weil beide Sakramente vom Ursprung her aufs Engste als die eine christliche Initiation verbunden sind.

– Das zweite Hauptproblem liegt darin, dass die Reihenfolge der Sakramente der Eingliederung verändert wurde, sodass nun eine ursprünglich als Teil der Eingliederung gedachte Salbung und Stirnbesiegelung durch den Bischof der Eucharistie, für deren Empfang sie eigentlich Voraussetzung war, „hinterherhinkt".

– Die uns geläufige Reihenfolge von Kindertaufe – Erstkommunion – Firmung stellt demgegenüber im Spektrum der christlichen Kirchen sowohl theologisch als auch lehramtlich eine absolute Ausnahme dar.

– Die entsprechenden liturgischen Feierformen, die lehramtliche Verkündigung [vgl. etwa KKK 1212] und auch das Kirchenrecht [can. 842 § 2; CIC 1983] gehen demgegenüber von der ursprünglichen Reihenfolge als theologischem Normalfall aus.

4.3 Ein Lösungsansatz?

Um einen Lösungsweg zu finden, erscheint es zunächst notwendig, sich noch einmal vor Augen zu führen, welche theologischen Vorgaben das II. Vatikanische Konzil bezüglich des Sakraments der Firmung vorgenommen hat. In der Liturgiekonstitution heißt es zur Firmung in SC, Art. 71: „Der Firmritus soll so überarbeitet werden, dass der innere Zusammenhang dieses Sakraments mit der gesamten christlichen Initiation besser aufleuchte."
Auch wenn die Frühkommunion bzw. Spätfirmung eher ein auf das deutsche Sprachgebiet begrenztes Phänomen war, denn in romanischen Ländern blieb man weitgehend bei der Kombination von Firmung und Erstkommunion im frühen Schulalter, hatten die Konzilsväter doch die theologische Problematik vor Augen, die entsteht, wenn die Firmung losgelöst von der zumeist an Kindern vollzogenen Taufe in einem großen zeitlichen Abstand gefeiert wird.

Allerdings ist festzuhalten, dass in den Konzilsdokumenten nicht wirklich deutlich wird, warum es sich bei der Firmung überhaupt um ein eigenständiges Sakrament handelt. So heißt es in der Kirchenkonstitution „Lumen gentium", Art. 11: „Durch das Sakrament der Firmung werden sie [die Gläubigen] vollkommen mit der Kirche verbunden und mit einer besonderen Kraft des Heiligen Geistes ausgestattet." Doch worin diese „besondere Kraft" eigentlich besteht und inwiefern die Gläubigen nach der Firmung „vollkommener" in die Kirche eingegliedert sind, wird in den Konzilsdokumenten nicht weiter erklärt.

Diesbezüglich ist interessant, dass sämtliche theologischen Deutungen der Firmung, die die Firmung als ein Sakrament der Stärkung der Taufgnade erklären, eigentlich auf einer einzigen spätantiken Pfingstpredigt beruhen, die wahrscheinlich von Faustus von Riez stammt. Diese interpretiert die Firmung als ein Sakrament „ad robur", also: „zur Stärkung".

Diese Deutungen seit der Spätantike sind allerdings von den konkreten gottesdienstlichen Texten völlig losgelöst. Dann ist aber an dieser Stelle schon festzuhalten, dass es nach der Auffassung des II. Vatikanischen Konzils keine Wirkung der Firmung gibt, die nicht schon in der Taufe grundgelegt wäre.

Die Einheit der drei Initiationssakramente betont schließlich jener Text (eine so genannte „Apostolische Konstitution"), den Papst Paul VI. der nachkonziliaren Ordnung der Firmfeier voranstellt.[6] Es heißt dort: „In der Taufe wiedergeboren, werden die Gläubigen durch das Sakrament der Firmung gefestigt und in der Eucharistie mit dem Brot des ewigen Lebens gestärkt." Und weiter: „Schließlich steht die Firmung mit der Eucharistie so eng in Verbindung, dass die Gläubigen, die bereits durch Taufe und Firmung besiegelt sind, im Empfang der Eucharistie dem Leib Christi voll eingefügt werden." In der „Pastoralen Einführung" zur Feier der Firmung heißt es gleich in Nr. 1 zu Beginn in wünschenswerter theologischer Klarheit: „Taufe, Firmung und Eucharistie sind die Sakramente, die den Menschen in die Kirche eingliedern."

In der nachkonziliaren theologischen Diskussion wurde deshalb immer wieder darauf hingewiesen, dass die Einheit der drei Sakramente der Eingliederung, und damit die starke innere theologische Verbindung zwischen Firmung und Taufe, neu zu betonen ist, und dass hierin vielleicht sogar ein Ausweg aus dem Dilemma bezüglich des Sakraments der Firmung liegen könnte. Dass eine solche Sicht der Firmung als eine Art „Bindeglied" zwischen Taufe und Eucharistie vom zeitlichen Ablauf her auch den Vorgaben des Konzils und dem nachkonziliaren Firmritus entspricht, wird schon in der „Pastoralen Einführung" zur Feier der Firmung deutlich. Dort heißt es in Nr. 6: „Die Spendung der Firmung an Kindern wird in der lateinischen Kirche im Allgemeinen bis etwa zum siebten Lebensjahr aufgeschoben." Wenn also das siebte Lebensjahr schon als Aufschub angesehen wird, spricht wohl nichts dagegen, wenn die Firmung schon früher, sprich: im Zusammenhang mit der Taufe gespendet wird.

---

6 Dieser und die nachfolgend zitierten Texte finden sich in: Die Feier der Firmung in den katholischen Bistümern des deutschen Sprachgebietes. Herausgegeben im Auftrag der Bischofskonferenzen Deutschlands, Österreichs und der Schweiz und der Bischöfe von Bozen-Brixen und von Luxemburg. Freiburg 1979.

?

Kommt die enge innere Verbindung von Taufe und Firmung denn auch in den liturgischen Texten der Feier der Firmung zum Ausdruck?

Wie stark zudem die Taufthematik gerade auch in den liturgischen Texten der Feier der Firmung präsent ist, zeigt ein Blick in die Feier der Firmspendung selbst. So heißt es in der Überleitung zur Erneuerung des Taufversprechens nach der Predigt:

> Wir bekennen gläubig, dass der Heilige Geist mit dem Vater und dem Sohn Gott ist und uns das Leben schenkt. Er besiegelt, was er in der Taufe an euch gewirkt hat.

Hierauf erfolgt die Erneuerung des Taufversprechens, die sich in der Form bewusst an den Taufritus anlehnt. Weiterhin heißt es in der Gebetseinleitung vor der Spendung der Firmung:

> Lasst uns beten, Brüder und Schwestern, zu Gott dem allmächtigen Vater, dass er den Heiligen Geist herabsende auf diese jungen Christen, Männer und Frauen, die in der Taufe wiedergeboren sind zu ewigem Leben.

Und das eigentliche Hochgebet der Firmung, das der Bischof spricht, indem er die Hände über die Firmlinge ausbreitet, formuliert:

> Allmächtiger Gott, Vater unseres Herrn Jesus Christus, du hast diese (jungen) Christen (unsere Brüder und Schwestern) in der Taufe von der Schuld Adams befreit, du hast ihnen aus dem Wasser und dem Heiligen Geist neues Leben geschenkt. Wir bitten dich,

> Herr, sende ihnen den Heiligen Geist, den Beistand. Gib ihnen den Geist der Weisheit und der Einsicht, des Rates, der Erkenntnis und der Stärke, den Geist der Frömmigkeit und der Gottesfurcht. Durch Christus, unseren Herrn. Amen.

Selbst im feierlichen Schlusssegen der Firmfeier wird die Taufthematik noch einmal aufgegriffen:

> Es segne euch Gott, der allmächtige Vater. Durch die Wiedergeburt aus dem Wasser und dem Heiligen Geist hat er euch zu seinen Söhnen und Töchtern berufen. Er bewahre euch in seiner väterlichen Liebe.

Dieser kurze Blick in die liturgische Ordnung der Feier der Firmung macht deutlich, wie sehr das Thema der Taufe innerhalb der Texte präsent ist. Aus den liturgischen Texten geht klar hervor, dass die gesamte Feier auf die Taufe hinorientiert ist.

Mit anderen Worten: Die theologische Zielrichtung der Firmung ist immer noch die Besiegelung, der Abschluss der in der Taufe begonnenen einen christlichen Initiation. Wenn man noch einmal auf den Anfang des Kapitels zurückblickt, bleibt die Frage:

Was ist das eigentliche, vielleicht durchaus legitime pastorale Anliegen, das in der Firmalterdiskussion zum Audruck kommt?

Das pastorale Anliegen scheint das Bedürfnis zu sein, mit Heranwachsenden, die sich des eigenen Glaubens bewusst werden, im Rahmen der Liturgie feierlich ihrer je persönlichen Eingliederung in die Kirche zu gedenken, die jetzt zu einem gewissen Abschluss gekommen ist. Diese Entwicklungsstufe soll im Kontext eines nachgeholten Katechumenats und etwa durch eine Erneuerung des Taufversprechens (vergleichbar der jährlichen Erneuerung des Taufversprechens der Osternacht) ratifiziert werden.

Dieses pastoral legitime Anliegen, dass Jugendliche ihren eigenen Glauben noch einmal bewusst vor der Gemeinde bekennen und feiern, ist wichtig und unbedingt zu berücksichtigen. Doch zugleich haben unsere Überlegungen gezeigt, dass dieses Anliegen in der Feier der Firmung nicht seine liturgische Entsprechung finden kann, wenn man deren liturgische Feiergestalt, also die Aussagen der liturgischen Texte und der gefeierten Riten ernst nimmt.

Die Sinngestalt der Feier der Firmung, so haben wir versucht an liturgischen Texten zu verdeutlichen, setzt andere Akzente, die deutlich auf den Gesamtprozess der Initiation bezogen sind.

Das genannte pastorale Anliegen ließe sich stattdessen in einem angemessenen Taufgedächtnisritus aufgreifen. In diesem Ritus muss Raum dafür sein, dass der mündig gewordene Christ den Ruf zur Umkehr, der in der Taufe erfolgt ist, und den Eltern und Paten stellvertretend für das noch unmündige Kind gehört und beantwortet haben, nun je nach dem Stand seiner Glaubensbiografie seinerseits beantwortet. Der junge Mensch vollzieht damit bewusst seine Eingliederung in die eine, heilige, katholische und apostolische Kirche und bringt sie zu einem vorläufigen Abschluss. Setzt man nun das pastorale Anliegen und die Feier der Firmung zueinander in Beziehung, so wird deutlich, dass in jedem Fall ein solches Taufgedächtnis mit der Erneuerung des Taufversprechens zeitlich nach (!) der Firmung anzusetzen ist. Die Firmung sollte in deutlicher zeitlicher Nähe zur Taufe stattfinden und gemäß der Ordnung, die wir bei der Untersuchung der Feierformen in der frühen Kirche kennen gelernt haben, der Eucharistie vorausgehen.

Dies wäre zudem eine Lösung, bei der alle drei Sakramente der Eingliederung wie zur Zeit der frühen Kirche (und wie auch heute noch in den Kirchen des Ostens) in ein und derselben liturgischen Feier vollzogen und gefeiert werden könnten. Dass dies keine völlig neue oder gar revolutionäre Vorgehensweise darstellt, zeigt sich bei der Feier der Eingliederung von Erwachsenen oder bei der Feier der Eingliederung von Kindern im Schulalter. Denn in beiden Fällen sieht der Ritus es vor, dass alle drei Sakramente der Eingliederung in einer Feier gefeiert und vollzogen werden.

Vor dem Hintergrund der gegenwärtigen Tauf- und Firmpraxis mit ihren hier bereits dargestellten Problemen, erscheint die Möglichkeit eines nachgeholten Katechumenats im Kindesalter durchaus eine theologisch sinnvolle und zudem auch wirklich praktikable Lösung zu sein. Es würde sich hierbei um eine Art Firm- und Eucharistiekatechumenat handeln. In diesem Katechumenat würde das, was bei der Taufe im Säuglingsalter anfanghaft begonnen wurde (und was auf den Glauben der Eltern und Paten aufbaut), eine Vollendung in der Eucharistiefeier, in der ersten heiligen Kommunion finden. Dieser nachgeholte Katechumenat im Kindesalter lässt sich schematisch so darstellen:

Struktur eines Firm- und Eucharistiekatechumenats

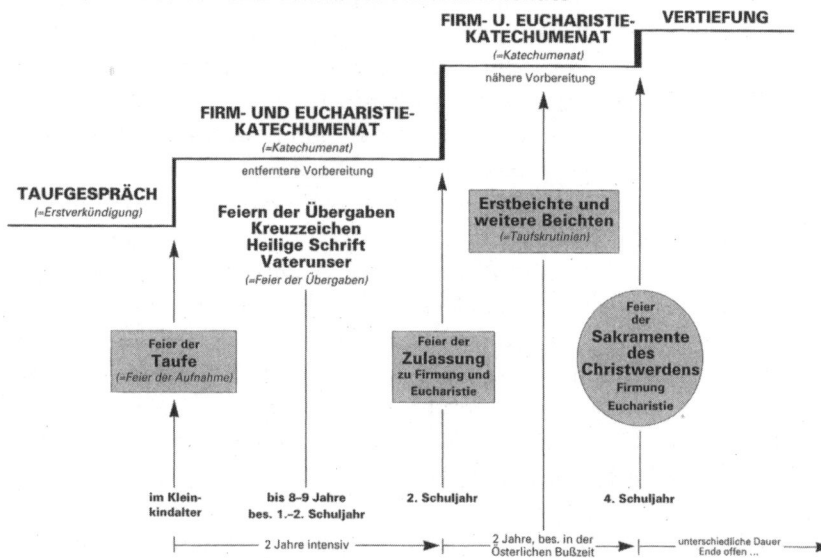

Dass ein nachgeholter Katechumenat nicht ausschließt, dass die Jugendlichen wenigstens einmal in ihrem Leben die Möglichkeit haben sollen, ihrem Bischof als Leiter der Ortskirche gegenüberzustehen, sondern im Gegenteil, dieser Intention sogar eine theologische Sinnspitze verleiht, wird deutlich, wenn man sich vor Augen führt, dass das kirchliche Gesetzbuch, der Codex Iuris Canonici, bis heute daran festhält, dass der Bischof der ursprüngliche Spender der Sakramente, also auch aller drei Initiationssakramente ist. Es spricht nichts dagegen, einen Taufgedächtnisgottesdienst mit Erneuerung des Taufversprechens unter Vorsitz des Bischofs zu feiern, der genau diesen inneren Zusammenhang aller drei Initiationssakramente in einer liturgischen Feier zum Ausdruck bringt.

So könnte im Alter des Mündig-Werdens eine feierliche Initiationserneuerung stattfinden. Mit dieser Feier der Erneuerung des Taufversprechens wäre dann alles zu verbinden, was heute in der Firmpastoral mit der Feier der Firmung verbunden wird.

Wenn man diesen Weg beschreitet, bedeutet dies freilich auch, dass die Diskussion über das Firmalter gegenstandslos wird, denn es gibt kein pauschal zu bestimmendes „richtiges" Firmalter mehr. Stattdessen ist die Möglichkeit zu schaffen, dass junge Erwachsene, nach dem jeweiligen Stand ihrer je eigenen christlichen Biografie, zu einem bestimmten Zeitpunkt ihr Taufversprechen erneuern und bewusst nachvollziehen können.

Bezüglich der Firmung ist anzustreben:
- **eine Wiedergewinnung des frühkirchlichen Verständnisses der Firmung als Bindeglied zwischen Taufe und Eucharistie;**

- **dass die Firmung bei einer Kindertaufe unmittelbar nach der Taufe gefeiert werden kann.**

Dies bedarf, solange die Kindertaufe immer noch den pastoralen Regelfall darstellt, eines später nachgeholten Katechumenats,

- **an dessen Ende eine bewusste Glaubensentscheidung steht.**

- **Diese mündige Glaubensentscheidung wird in einem die Initiation erinnernden Taufgedächtnisritus, der eine Erneuerung des Taufversprechens beinhaltet, zusammen mit dem Bischof gefeiert.**

Ein solches Modell ist eine adäquate Antwort auf berechtigte Anfragen aus der ökumenischen Debatte an die römisch-katholische Firmpraxis, wie sie z. B. das Lima-Dokument über „Taufe – Eucharistie – Amt" aus dem Jahr 1982 an die verschiedenen christlichen Schwesterkirchen richtet:

Taufe, Eucharistie, Amt, Nr. 14

Christen haben eine unterschiedliche Auffassung davon, worin das Zeichen der Gabe des Geistes sich ausdrückt. Verschiedene Handlungen sind mit dem Geben des Geistes in Verbindung gebracht worden. Für einige ist es der Wasserritus selbst. Für andere ist es die Salbung mit dem Chrisma und / oder die Handauflegung, die von vielen Kirchen Konfirmation genannt wird. Für wieder andere sind es alle drei, da sie in dem ganzen Ritus den Geist wirken sehen. Alle stimmen darin überein, dass christliche Taufe mit Wasser und durch den Heiligen Geist geschieht.

5 Taufe und Taufbewusstsein heute

Für Martin Luther steht die zentrale Bedeutung der Taufe für das gesamte christliche Leben außer Frage. Er geht sogar so weit, das Leben eines Christenmenschen als ein ständiges „in die Taufe hineinkriechen und täglich wieder daraus hervorkommen" (Großer Katechismus, WA 30,216.218.221) zu bezeichnen. Nun stellt sich für uns am Ende dieses Bandes des Grundkurses Liturgie diese Frage, wie es denn heute um das Taufbewusstsein bestellt ist, neu. Dabei hat die Frage nach dem Taufbewusstsein viel mit der Frage nach der Identität des Christen zu tun: Wie verstehe ich mich als Christ, der ich getauft und gefirmt bin? Was bedeuten Taufe und Firmung für mein Leben? Lebe ich – frei nach Luther – aus der Taufe?

Dabei gilt es im Blick zu halten, dass ich als Getaufter ja nicht alleine lebe, sondern gerade durch die Taufe in die Gemeinschaft der Glaubenden, die Kirche, eingefügt wurde. Der Wiener Pastoraltheologe Paul M. Zulehner umschreibt die gegenwärtige Situation der Kirche in Europa mit dem knappen Satz: „Soviel Sehnsucht wie jetzt war nie!" Und doch ist trotz dieser positiven Mutmaßung Zulehners ein Grundkurs Liturgie, der sich in diesem Band der Taufe widmet, mit einer komplexen Gemengelage aus zahlreichen Fragen und Problemen konfrontiert: Die einschlägigen religionssoziologischen Untersuchungen zeigen, dass sich die Rahmenbedingungen für Kirche-Sein in den vergangenen Jahrzehnten dramatisch verändert haben. Volkskirchliche Strukturen, die vor 50 Jahren noch weitgehend intakt waren, sind kaum noch tragfähig oder längst zerbrochen. Was an die Stelle der Volkskirche treten wird, ist keineswegs schon abzusehen, aber vereinzelte Ansätze zu missionarischen Aufbrüchen, die „sauerteig-artig" in die Gesellschaft hinein wirken, sind zumindest spürbar.

Hinzu kommt als Schwierigkeit, dass das Sprechen von der so genannten „Säkularisierung" in vielen Punkten zunehmend fragwürdig erscheint, denn mit den Worten des Wiener Publizisten Günther Nenning lässt sich karikierend festhalten: „Die Sehnsucht wächst, aber die Kirchen schrumpfen." So ist an die Stelle der Volkskirche mit Deutemonopol in Sinnfragen eine Vielzahl von weltanschaulichen Gruppierungen getreten, ein Markt der Sehnsüchte und Möglichkeiten, von außen kaum überschaubar, der jedoch die schrumpfende Kirche eher in die Depression und das selbstgewählte Ziel der inneren Emigration zu treiben scheint, als missionarische Aufbrüche zu fördern.

Vor diesem, an dieser Stelle freilich nur kurz skizzierten Hintergrund, lässt sich eine Spannung beobachten zwischen einem mangelnden Taufbewusstsein, einer regelrechten Taufvergessenheit auf der einen Seite und dem theologisch begründeten Wunsch, die Taufe möge in ihrer zentralen Bedeutung, unter anderem in den liturgischen Feiern unserer Pfarrgemeinden, wieder deutlicher wahrgenommen werden auf der anderen Seite.

Wir werden uns noch in einem eigenen Band mit Formen der liturgischen Feier der Tauferinnerung beschäftigen [GKL, Bd. 4: „Erneuere uns nach dem Bild deines Sohnes. Die Feiern des Taufgedächtnisses, der Umkehr und der Versöhnung". Erscheint voraussichtl. 3/2005]. An dieser Stelle mag es genügen, eine These festzuhalten, die sich in diesem Band immer wieder aufgedrängt hat: Die wichtigste Form der Tauferinnerung ist die Mitfeier der Taufliturgie selbst.

Erst wenn in unseren Gemeinden deutlich wird, dass es sich bei den Feiern der Eingliederung, bei Taufe, Firmung, Eucharistie, eben nicht um eine Privatangelegenheit handelt, sondern um wichtige und zentrale liturgische Feiern, welche die gesamte Gemeinde der bereits Getauften betrifft, kann es auch gelingen, einem schwindenden Taufbewusstsein zu begegnen.

Eine besondere Herausforderung kommt in diesem Zusammenhang auch der Katechese, konkreter: der Liturgiekatechese zu. Gerade angesichts eines geschwundenen Taufbewusstseins wird in einer Gesellschaft, die wir zunehmend als „nachchristlich" erleben, die Frage immer wichtiger, was denn eigentlich das spezifisch Christliche ist? Gerade angesichts der Vielfalt an Lebensentwürfe der Menschen, mit denen wir in der gegenwärtigen Gesellschaft im Dialog stehen, ist es umso wichtiger, sich der eigenen Identität bewusst zu werden. Gerade in einer

Situation, die hinsichtlich der „pastoralen Strategien" noch größtenteils volkskirchlich geprägt ist, und in der deshalb die Kindertaufe weiterhin das vorherrschend praktizierte Modell der Eingliederung in die Kirche ist, muss bei heranwachsenden Kindern und bei Jugendlichen die Frage nach der eigenen Identität als Christ zu einem späteren Zeitpunkt aufgegriffen werden.

Wenn zudem die Mitfeier der Taufe anderer zugleich zum Taufgedächtnis für jene wird, die, wie die meisten von uns, die Taufe bereits als Kind empfangen haben, so ist dies auch theologisch noch einmal besonders zu gewichten: Hier kann eben nicht zurückgegriffen werden – wie dies auch die frühkirchlichen Mystagogischen Katechesen tun – auf die Erinnerung an die eigene bewegende und eindrucksvolle Tauffeier.

Hierzu kann es hilfreich sein, das Taufbewusstsein in liturgischen Feiern des Taufgedächtnisses zu vertiefen. Neben der schon angesprochenen Mitfeier bei der Taufe anderer ist es vor allem die Feier der Erneuerung des Taufversprechens in der Osternacht, dem frühchristlichen Tauftermin, die besonders zu betonen und zu gestalten wäre. Allerdings kann es bei solchen Formen der Tauferinnerung nicht darum gehen, jeweils neue Symbole zu „erfinden" oder möglichst kreativ neue Modelle zu entwickeln: Es sind die althergebrachten, biblisch begründeten zentralen Symbole der Taufe – primär das Wasser, sekundär die ausdeutenden Zeichen wie: die Salbungen mit Öl, das Licht (Taufkerze), das weiße Taufkleid, die im Mittelpunkt solcher Feiern des Taufgedächtnisses stehen sollten.

Diese zentralen Symbole können im Anschluss an die liturgische Feier mystagogisch/katechetisch erschlossen werden, um so das Taufbewusstsein weiter zu vertiefen. Nachdenklich macht allerdings in diesem Zusammenhang ein Zitat des damaligen Abtes des Benediktinerklosters Maria Laach, Ildefons Herwegen, das schon aus den 50er Jahren des 20. Jahrhunderts stammt. Er äußert sich dort kritisch zu der Flut an neuentwickelten Zeichen und Symbolen, die einer kreativen Liturgiegestaltung dienen sollen:

Ildefons Herwegen

Wir sprechen heute viel von Gottesdienstgestaltung. Was ist da zu gestalten? All unser Gestalten jenseits der überkommenen Formen der Kirche wird notwendig etwas Theatralisches und Transitorisches an sich haben [...]. Die Dinge arten schließlich in Kindereien aus. Das Nachgeben diesem Gestaltungsdrang gegenüber verdirbt das Volk. Wir geben ihm Zuckerklümpchen statt Brot [...]. Es bleibt uns nichts als die Menschen zur Liturgie hinzuführen, wie sie ist, und das heißt zunächst Hinführung zu einem vertieften Verständnis der Heiligen Schrift und der Wirklichkeit des christlichen Lebens aus Taufe und Euchartistie.[7]

Gerade aus liturgiewissenschaftlicher Sicht und im Hinblick auf die liturgische sowie katechetische Praxis der frühen Kirche ist erfreulich, dass sich hier ein Prozess des Umdenkens anzubahnen scheint. Die Bedeutung der Liturgie für die Weitergabe des Glaubens und die Festigung einer christlichen Identität als einem „Leben aus Taufe und Eucharistie", wie es Herwegen treffend formuliert, wird zunehmend neu erkannt. Im Gegensatz zu einer Katechese, die ausschließlich im Vorfeld einer Feier stattfindet und wie sie heute bezüglich Taufe und Firmung noch das weitaus meistpraktizierte Modell darstellt (und die oftmals einem unliturgischen „Trockenschwimmkurs" gleicht), setzt eine Katechese, die der Erfahrung der gefeierten Liturgie nachfolgt und als deren mystagogische Vertiefung verstanden wird, deutlich andere Akzente.

Es geht hier, mit den Worten von Franz-Peter Tebartz-van Elst, nicht so sehr um ein „für wahr halten", sondern um das „Gewahrwerden". Es geht um das Gewahrwerden des in der Liturgie gefeierten Paschamysteriums, also, wie wir im ersten Band GKL

---

7 Fischer, Balthasar. Abt Ildefons Herwegen. Eine Würdigung nach dem Zweiten Vatikanischen Konzil. In: Severus, E. von (Hg.). Was haltet ihr von der Kirche? Münster 1976, 27–36, hier: 34f.

gesehen hatten, um das Heilshandeln Gottes in seinem Sohn Jesus Christus. Wir sind eingeladen, dieses Mysterium in den vielfältigen liturgischen Formen immer wieder feiernd zu vollziehen und anschließend mystagogisch zu erschließen.

Auch die neue „Manuskriptausgabe" der „Feier der Eingliederung Erwachsener in die Kirche" aus dem Jahr 2001 unterstreicht dies und betont deshalb die Bedeutung jener „Zeit der mystagogischen Vertiefung", die in der Regel vom Tauftermin in der Osternacht bis Pfingsten andauern soll. Es heißt dort in der „Pastoralen Einführung" Nr. 276 zu den Zielen und Aufgaben dieser mystagogischen Phase:

Die Feier der Eingliederung Erwachsener in die Kirche, Pastorale Einführung, Nr. 276

In der Zeit der Mystagogie sollen die Neugetauften die Wirklichkeit des neuen Lebens in Christus erfahren, das ihnen durch die Sakramente geschenkt wurde. Dazu können Gespräche über die Eindrücke gehören, die die Neugetauften bei der Feier der Eingliederung gemacht haben. Die Neugetauften werden zu einer Vertiefung dessen geführt, was sie in den Sakramenten empfangen haben. Diese Zeit bietet auch Hilfen an, wie das Christsein im Alltag gelebt werden kann.

Die Feiern der Eingliederungen selbst und davon abgeleitet natürlich auch Feierformen der Tauferinnerung oder der Erneuerung des Taufversprechens müssen dabei keineswegs auf Anhieb „verstehbar" sein, wohl aber „nachvollziehbar", so Tebartz-van Elst.

Wenn wir uns also abschließend fragen, wo das Taufbewusstsein oder die Tauferinnerung so etwas wie den „Sitz im Leben" eines getauften Christen hat, so doch wohl am ehesten in der Mitfeier der Taufe anderer. Die positiven freilich noch recht anfanghaften Erfahrungen mit dem Erwachsenenkatechumenat in

Deutschland zeigen, dass diese Mitfeier der Taufe anderer umso mehr zur Anfrage an das eigene Taufbewusstsein wird, je mehr sich Gemeinden für ihre Taufkandidaten verantwortlich fühlen – sei es als Paten, als Katecheten oder durch die Mitfeier der Skrutinien.

Wenn die Liturgiekonstitution Sacrosanctum Concilium, Art. 14 die „actuosa participatio" – was dann wohl am ehesten mit „wirklicher Teilnahme" zu übersetzen wäre – als Recht und sogar als Pflicht aus der Taufe konstatiert, dann ist jede Mitfeier des Gottesdienstes der Kirche eine wichtige Form, Tauferinnerung zu halten, das Taufbewusstsein zu stärken, weil jede Mitfeier von Liturgie immer Feier des Paschamysteriums Christi ist, jenes Heilshandelns Gottes, in das wir durch die Taufe mit hineingenommen worden sind, getauft auf Jesu Tod, geboren zu neuem Leben.

Dann ist schließlich auch, wenn doch Glaube und Taufe in gegenseitiger Beziehung stehen und Glaube – Liturgie – Diakonie aufs Engste verbunden sind, das gesamte Leben eines Christenmenschen, nochmals mit den Worten Martin Luthers, ein lebenslanges „unter die Taufe kriechen". Das ganze Leben des Christen aus dem lebendigen Glauben heraus ist Gedächtnis der einen Taufe.

- **Das Taufbewusstsein kann nur gestärkt werden durch eine Feier der Sakramente der Eingliederung inmitten der Gemeinde.**

- **Diese Feier der Initiation wird ergänzt und aufgegriffen durch die regelmäßige Feier liturgischer Formen des Taufgedächtnisses,**

- **verbunden mit der nachfolgenden mystagogischen Erschließung dieser liturgischen Feierformen in der jeweiligen Gemeinde.**

- **Taufbewusstsein und christliche Identität hängen hier, gerade in einer als „nachchristlich" empfundenen und bezeichneten Gesellschaft, aufs Engste zusammen.**

Literaturhinweise

Nachfolgend findet sich Literatur aufgelistet, die zum Weiterlesen anregen möchte. Wir haben hierbei bewusst darauf geachtet, dass die Literatur leicht verständlich und auch gut zugänglich ist.

Die liturgischen Feierformen:

Die Feier der Eingliederung Erwachsener in die Kirche. Grundform. Manuskriptausgabe zur Erprobung herausgegeben von den Liturgischen Instituten Deutschlands, Österreichs und der Schweiz. Trier 2001. [Zitiert als: Die Feier der Eingliederung Erwachsener in die Kirche, Trier 2001, Seitenzahl.]

Die Feier der Firmung in den katholischen Bistümern des deutschen Sprachgebietes. Herausgegeben im Auftrag der Bischofskonferenzen Deutschlands, Österreichs und der Schweiz und der Bischöfe von Bozen-Brixen und von Luxemburg. Freiburg 1979.

Die Feier der Kindertaufe in den katholischen Bistümern des deutschen Sprachgebietes. Herausgegeben im Auftrag der Bischofskonferenzen Deutschlands, Österreichs und der Schweiz und des Bischofs von Luxemburg. Freiburg 1971.

Allgemeine Literatur zum Thema Taufe, Firmung, Initiation:

Jilek, August. Die Taufe. In: Schmidt-Lauber, H.-C./Meyer-Blanck, M./Bieritz, K.-H. (Hg.). Handbuch der Liturgik. Liturgiewissenschaft in Theologie und Praxis der Kirche. Göttingen ³2003, 285–318.

Jilek, August. Eintauchen, Handauflegen, Brotbrechen. Eine Einführung in die Feier von Taufe, Firmung und Erstkommunion. (Kleine Liturgische Bibliothek 3). Regensburg 1996.

Kleinheyer, Bruno. Sakramentliche Feiern I. Die Feiern der Eingliederung in der Kirche. (Gottesdienst der Kirche/Handbuch der Liturgiewissenschaft 7,1). Regensburg 1989.

Meßner, Reinhard. Einführung in die Liturgiewissenschaft. Paderborn 2001, bes. 59–149.

Zu Kapitel 1: „Du bist mein geliebter Sohn, an dir habe ich Gefallen gefunden": Taufe als Hineinnahme in die Gottessohnschaft Jesu Christi

Die Interpretation der einschlägigen Schrifttexte in:

Bongartz, Heinz-Günter/Steins, Georg. Österliche Lichtspuren. Alttestamentliche Wege in der Osternacht. Ein Arbeitsbuch, München 2001.

Meßner, Reinhard. Einführung in die Liturgiewissenschaft. Paderborn 2001, 67 ff.

Müller, Ulrich B., Johannes der Täufer. Jüdischer Prophet und Wegbereiter Jesu (Biblische Gestalten Bd. 6), Leipzig 2002.

Stegemann, Hartmut. Die Essener, Qumran, Johannes der Täufer und Jesus. Ein Sachbuch. Freiburg im Breisgau u.a. 1993, bes. 292–313.

Zu Kapitel 2: Die Taufe in der frühen Kirche – Der Erwachsenenkatechumenat als Modellfall für heute

Zum Thema „Taufe in der frühen Kirche":

Kleinheyer, Bruno. Sakramentliche Feiern I. Die Feiern der Eingliederung in der Kirche. (Gottesdienst der Kirche/Handbuch der Liturgiewissenschaft 7,1). Regensburg 1989, bes. 20 ff.

Kretschmar, Georg. Die Geschichte des Taufgottesdienstes in der alten Kirche. In: Müller, K. F./Blankenburg, W. (Hg.). Leiturgia. Handbuch des Evangelischen Gottesdienstes. Bd. 5. Der Taufgottesdienst. Kassel 1970, 1–348.

Meßner, Reinhard. Einführung in die Liturgiewissenschaft. Paderborn 2001, bes. 70 ff.

Zum Thema „Erwachsenenkatechumenat heute":

Ball, Matthias/Waibel, Artur. u. a. (Hg.). Erwachsene auf dem Weg zur Taufe. Werkbuch Erwachsenenkatechumenat. München 1997.

Ball, Matthias. Die Feier der Eingliederung Erwachsener. Zeitgemäß – adressatengerecht – benutzerfreundlich. In: Heiliger Dienst 56 (2003), 154–164.

Emeis, Dieter. Ratgeber: Was Getaufte glauben, leben und feiern. Grundwissen Katholische Kirche. Münster 2003.

Kleinheyer, Bruno. Sakramentliche Feiern I. Die Feiern der Eingliederung in der Kirche. (Gottesdienst der Kirche/Handbuch der Liturgiewissenschaft 7,1). Regensburg 1989, bes. 246 ff.

Meßner, Reinhard. Einführung in die Liturgiewissenschaft. Paderborn 2001, 130 ff.

Sekretariat der Deutschen Bischofkonferenz (Hg.). Erwachsenentaufe als pastorale Chance: Impulse zur Gestaltung des Katechumenats. (Arbeitshilfen Nr. 160). Bonn 2001.

Tebartz-van Elst, Franz-Peter. Handbuch der Erwachsenentaufe. Liturgie und Verkündigung im Katechumenat. Münster 2002.

Tebartz-van Elst, Franz-Peter. Öffne uns den Brunnen der Taufe. Die Feiern der Eingliederung in die Kirche. (Feiern mit der Bibel 1). Stuttgart 1995.

Tebartz-van Elst, Franz-Peter (Hg.). Ratgeber: Noch nicht getauft? Erwachsene auf dem Weg in die Kirche. Hrsg. im Auftrag des Bistums Münster, Münster 2002.

Werner, Ernst (Hg.). Erwachsene fragen nach der Taufe. Eine katechetisch-liturgische Handreichung zur Gestaltung des Katechumenats. Völlig überarbeitete Neuausgabe. Erarbeitet im Auftrag des Deutschen Liturgischen Instituts und der Zentralstelle Pastoral der Deutschen Bischofskonferenz. München 2000.

Zu Kapitel 3: Was erbittet Ihr von der Kirche Gottes für euer Kind?": Die Praxis der Säuglingstaufe als Brennpunkt der Kirche in nachchristlicher Gesellschaft

Emeis, Dieter. Grundriss der Gemeinde- und Sakramentenkatechese. Mit Beiträgen von Franz-Peter Tebartz-van Elst und Thomas Kiefer. Deutscher Katecheten-Verein e.V., München 2001, 167–182.

Kleinheyer, Bruno. Sakramentliche Feiern I. Die Feiern der Eingliederung in der Kirche. (Gottesdienst der Kirche/Handbuch der Liturgiewissenschaft 7,1). Regensburg 1989, bes. 171 ff.

Kranemann, Benedikt. Die Wasser der Sintflut und das österliche Sakrament. Zur Bedeutung alttestamentlicher Paradigmen im Hochgebet am Beispiel der Taufwasserweihe. In: Liturgisches Jahrbuch 45 (1995), 86–106.

Langwald, Marie-Luise/Blum, Michael. Getauft und selbstbewusst. Reihe der Sakramente: Die Taufe. Beuron/Donau/Vallendar-Schönstatt 2003.

Meßner, Reinhard. Einführung in die Liturgiewissenschaft. Paderborn 2001, 118 ff.

Verweyen, Hansjürgen. Warum Sakramente?. Regensburg 2001, bes. 7–39.

Zu Kapitel 4: Die Firmung – ein schwieriges Sakrament?

Emeis, Dieter. Grundriss der Gemeinde- und Sakramentenkatechese. Mit Beiträgen von Franz-Peter Tebartz-van Elst und Thomas Kiefer. Deutscher Katecheten-Verein e.V., München 2001, 183–192.

Kleinheyer, Bruno. Sakramentliche Feiern I. Die Feiern der Eingliederung in der Kirche. (Gottesdienst der Kirche/Handbuch der Liturgiewissenschaft 7,1). Regensburg 1989, bes. 223 ff.

Meßner, Reinhard. Einführung in die Liturgiewissenschaft. Paderborn 2001, 136 ff.

Koch, Kurt. Leben erspüren – Glauben gestalten. Sakramente und Liturgie in unserer Zeit. Freiburg 1999, bes. 118–149.

Zu Kapitel 5: Taufe und Taufbewusstsein heute

Emeis, Dieter. Grundriss der Gemeinde- und Sakramentenkatechese. Mit Beiträgen von Franz-Peter Tebartz-van Elst und Thomas Kiefer. Deutscher Katecheten-Verein e.V., München 2001, bes. 7–95.

Liturgische Institute Luzern, Salzburg und Trier (Hg.). Getauft und dann? Gottesdienste mit Kindern und Jugendlichen auf ihrem Glaubensweg. Werkbuch. Freiburg 2002.

Sekretariat der Deutschen Bischofkonferenz (Hg.). Zeit zur Aussaat: Missionarisch Kirche sein. (Die deutschen Bischöfe Nr. 68). Bonn 2000.

Tebartz-van Elst, Franz-Peter. Entflamme in uns die Sehnsucht nach dem Licht. Tauferinnerung in der Verkündigung des Kirchenjahres. (Feiern mit der Bibel 2). Stuttgart 1996.

August Jilek
Das Brotbrechen
Eine Einführung in die Eucharistiefeier
Kleine Liturgische Bibliothek, Band 2

248 Seiten, kartoniert
ISBN 3-7917-1437-6

Welche der vielen Handlungen, die heutzutage zur Eucharistiefeier gehören, gehen auf Jesus Christus selbst zurück? Und was ist ihr ursprünglicher Sinn? Wie haben die Christen der römischen Kirche z. B. im 2. und 3. Jahrhundert Eucharistie gefeiert?
Indem der Autor diesen und anderen Fragen nachgeht und Antworten gibt, entsteht ein ebenso einfaches wie beeindruckendes Bild frühchristlicher Liturgie. Zugleich werden auch die heutigen, weitaus komplizierteren Formen der Eucharistiefeier verständlicher. Wer diese begreifen, mitgestalten und feiern will, erhält eine didaktisch ansprechende und unkomplizierte Erklärung der liturgischen Vollzüge. Zugleich ergeben sich Einsichten zu alten und neuen Fragen der Frömmigkeit sowie viele Anregungen und Vorschläge für die gottesdienstliche Praxis.

„Ein Buch, wie man es sich schon lange gewünscht hat."
Gottesdienst

Verlag Friedrich Pustet • Regensburg

August Jilek
Eintauchen – Handauflegen – Brotbrechen
Eine Einführung in die Feiern von Taufe, Firmung und Erstkommunion
Kleine Liturgische Bibliothek, Band 3

372 Seiten, kartoniert
ISBN 3-7917-1507-0

In den Feiern von Taufe, Firmung und Erstkommunion tritt in besonderem Maße das christliche Selbstverständnis zutage. Daher sind diese Liturgien und ihr Umfeld zugleich markante Konfliktfelder: Nirgendwo sonst werden die Veränderungen im Verhältnis zwischen Kirche und Gesellschaft oder die Diskrepanz zwischen Anspruch und Wirklichkeit so spürbar.
Vor diesem Hintergrund blickt der Autor in die Geschichte: Was ist der ursprüngliche Sinn von Taufe, Firmung und Erstkommunion? Wie steht es um den Zusammenhang von Liturgie und Leben bzw. Lebensalltag? Welche Faktoren führten zu den tiefgreifenden Veränderungen, die noch heute nachwirken? „Volkskirche" oder „Entscheidungskirche"? Firmung im Erwachsenenalter: eine Lösung für die Zukunft? Welche Reformversuche gab und gibt es in evangelischen Taufordnungen?
Aus den Beobachtungen ergeben sich zugleich Impulse für die Praxis und Anregungen für den Religionsunterricht.

Verlag Friedrich Pustet • Regensburg